Dados Internacionais de Catalogação na Publicação (CIP)
(Câmara Brasileira do Livro, SP, Brasil)

Loro, Eduardo
O designer amplificado [livro eletrônico] : como usar IA para criar experiências mais humanas, não menos / Eduardo Loro. -- 1. ed. -- Recife, PE : Ed. do Autor, 2025.
PDF

ISBN 978-65-01-87685-6

1. ChatGPT 2. Design 3. Inteligência artificial - Aspectos sociais 4. Mudanças sociais 5. Tecnologia I. Título.

26-327978.0 CDD-006.3

Índices para catálogo sistemático:

1. Design : Inteligência artificial 006.3

Aline Graziele Benitez - Bibliotecária - CRB-1/3129

O DESIGNER AMPLIFICADO

Como Usar IA Para Criar Experiências
Mais Humanas, Não Menos

Eduardo Loro

Prefácio

Nas últimas décadas, o design tem sido sucessivamente reconfigurado por transformações tecnológicas profundas. No entanto, poucas dessas transformações alteraram de forma tão radical a natureza cognitiva do projetar quanto a consolidação recente da inteligência artificial generativa. Não se trata apenas da introdução de novas ferramentas, mas de uma mudança estrutural na maneira como pensar, criar, avaliar e decidir passam a ocorrer no interior do processo projetual.

É nesse contexto que se insere "O Designer Amplificado", de Eduardo. Este não é um livro sobre eficiência operacional, automação de tarefas ou aceleração de entregas, leituras comuns, porém insuficientes, sobre o impacto da IA no design. Trata-se, antes, de uma reflexão sobre o deslocamento do papel do designer em um cenário no qual sistemas artificiais passam a participar ativamente da produção de alternativas, da síntese de informação e da simulação de futuros possíveis.

Ao longo do texto, Eduardo sustenta uma tese que considero central: a inteligência artificial não substitui o designer, mas amplia seu campo de atuação, e, com isso, amplia também sua responsabilidade. Essa ampliação não é neutra. Ela exige método, discernimento e consciência crítica. A IA expande o espaço das possibilidades, o julgamento humano continua sendo o único lugar onde o sentido, o valor e a intenção podem ser sustentados ao longo do tempo.

Essa perspectiva dialoga diretamente com aquilo que venho defendendo em minhas próprias investigações sobre métodos de design ampliados por inteligência artificial. Nos grupos de estudo que coordeno, parto da premissa de que o design contemporâneo já não pode ser compreendido como uma atividade exclusivamente humana nem como um simples uso instrumental da tecnologia. Ele se reconfigura como uma prática cognitiva híbrida, realizada em ecossistemas nos quais humanos e agentes artificiais co-produzem conhecimento, hipóteses e decisões. Nesse cenário, o papel do designer desloca-se do fazer para o orquestrar, do executar para o dirigir, do produzir para o julgar.

O mérito do livro de Eduardo está em tornar essa transição inteligível para a prática cotidiana do design, especialmente no campo de UX. Ao articular fundamentos teóricos com exemplos concretos, Eduardo mostra que trabalhar com IA não significa delegar o pensamento, mas reposicionar o designer como mediador entre capacidades computacionais e necessidades humanas singulares. A IA gera a partir de lógicas da máquina, o designer lida com pessoas. Essa distinção, simples em aparência, é decisiva em suas implicações éticas, culturais e projetuais.

Essa mesma lógica orienta nossas pesquisas no programa de pós-graduação em design na UFPE, no qual métodos tradicionais de observação, ideação, prototipação e avaliação são reconfigurados como práticas ampliadas por sistemas inteligentes. Em todos os casos, a tecnologia não encerra o processo, ela o expande. O método deixa de ser uma sequência fixa de etapas e passa a funcionar como um dispositivo de diálogo contínuo entre intenção humana e racionalidade algorítmica.

O livro de Eduardo contribui de forma consistente para esse debate ao recusar tanto o entusiasmo acrítico quanto o ceticismo defensivo em relação à IA. Eduardo afirma, com clareza, que a questão central não é o que as máquinas podem fazer, mas o que escolhemos fazer com aquilo que elas tornam possível. Em um momento histórico marcado pela abundância de geração e pela escassez de sentido, essa é uma posição não apenas conceitualmente consistente, mas politicamente relevante.

O livro, portanto, não oferece atalhos. Ele oferece critérios. Não promete respostas fáceis, mas convida o leitor a assumir uma postura mais consciente diante de um cenário em que projetar passa, inevitavelmente, por decidir como, e até onde, queremos ser ampliados. É nessa escolha que o design continua sendo, apesar de tudo, profundamente humano.

André Neves
Professor Titular - UFPE

A IA amplia o trabalho
do designer — ***não substitui****.*

INTRODUÇÃO — POR QUE FALAR DE IA NO UX AGORA

O *futuro já chegou — só não está distribuído uniformemente.*" A frase de William Gibson, cunhada nos anos 1990, nunca foi tão precisa. Hoje, enquanto um designer em São Paulo usa ChatGPT para sintetizar 50 entrevistas de usuário em 10 minutos, outro em Mumbai ainda organiza post-its manualmente em uma parede física. A Inteligência Artificial não é mais ficção científica — é infraestrutura desigual.

Mas há algo mais profundo acontecendo. Nos últimos 18 meses, desde que modelos como GPT-4 e Midjourney se popularizaram, presenciamos uma transformação que vai além da tecnologia: **estamos vivendo uma reorganização cognitiva do trabalho criativo.**

O Design Sempre Foi Mais Que Aparência

Don Norman nos ensinou, em *The Design of Everyday Things*, que design é sobre como as coisas funcionam, não apenas como elas parecem. Bruno Munari foi ainda mais longe: "Design é uma atividade criativa que consiste em determinar as propriedades formais dos objetos produzidos industrialmente." Ambos apontavam para a mesma verdade: **design é articulação entre pessoas, sistemas, comportamentos e intenções**.

A IA não elimina essa complexidade. Ao contrário, ela a torna mais visível. Quando automatizamos a execução, deslocamos o valor do trabalho para o raciocínio, para a interpretação, para a direção conceitual.

A IA amplia o campo de possibilidades, mas só o designer pode decidir quais dessas possibilidades fazem sentido para uma experiência específica.

Imagine um time de UX trabalhando no redesign de um aplicativo bancário. A IA pode gerar instantaneamente dezenas de layouts para a tela de transferência, cada um tecnicamente competente e esteticamente coerente. Mas nenhum desses layouts "sabe" que transferir dinheiro é um ato de confiança, que envolve ansiedade, que carrega peso emocional. **A IA produz superfície; o designer constrói significado**.

O Risco da Homogeneização

Há um perigo evidente, e ele já está se manifestando. Ferramentas generativas operam por aproximação estatística — elas tendem a reproduzir padrões já consolidados, estéticas predominantes, soluções genéricas. Se utilizadas de forma superficial, podem conduzir a um design homogêneo, intercambiável, sem identidade.

Bret Victor, em seu ensaio seminal "*Learnable Programming*", alertou para o risco de ferramentas que facilitam a execução sem aprofundar a compreensão. **A padronização é o efeito colateral da automação acrítica**. O problema não está na IA, mas no uso que fazemos dela.

Já vemos os primeiros sinais: interfaces que se parecem porque foram geradas pelo mesmo modelo, textos que soam idênticos porque seguem os mesmos padrões estatísticos, experiências que se tornam previsíveis porque reproduzem o que já existe.

Quando todos usam as mesmas ferramentas da mesma forma, possivelmente, todos chegam aos mesmos lugares.

Ampliação, Não Substituição

Por isso, falar de IA em UX não é falar de substituição. É falar de **ampliação**. O que está em jogo é a capacidade do designer de dirigir processos criativos complexos, manter coerência narrativa entre múltiplos artefatos e mediar a relação entre necessidades humanas e capacidades tecnológicas.

Alan Cooper, criador do conceito de personas, sempre defendeu que ***"o computador é uma ferramenta, e ferramentas devem servir aos objetivos humanos".*** A IA se torna, nesse sentido, uma extensão da inteligência humana — mas uma extensão que exige direção consciente.

O designer contemporâneo opera agora em um **novo regime cognitivo**. Sua função não se limita a produzir telas, fluxos ou protótipos. Ele se torna responsável por **coreografar a interação entre agentes humanos e não humanos**, conduzindo a tecnologia em direção a resultados que preservem sentido, relevância e responsabilidade.

A Premissa Deste Livro

Este livro parte de uma premissa simples, mas essencial:

A IA não substitui UX. A IA amplia UX. E a ampliação exige método, consciência e maturidade.

Não se trata de ensinar atalhos, truques ou prompts como fórmulas prontas. Trata-se de compreender **como o design muda quando pensamos com, através e junto de sistemas inteligentes**. Trata-se de aprender a manter a qualidade do julgamento humano enquanto incorporamos novas capacidades de análise, variação, síntese e antecipação.

Sherry Turkle, em "*Alone Together*", nos alertou sobre o risco de confundir simulação com autenticidade. No design, esse risco se traduz em confundir produtividade com profundidade, velocidade com sabedoria, automação com criação.

O Que Você Encontrará Aqui

Nos próximos capítulos, exploraremos os fundamentos da IA aplicados ao design, examinaremos onde ela contribui e onde ela não pode substituir a sensibilidade humana, analisaremos seus impactos em pesquisa, ideação, prototipação, DesignOps e documentação, e construiremos um conjunto de práticas para operar de forma crítica, criativa e estratégica.

Este não é um livro sobre acelerar entregas. É um livro sobre ampliar o pensamento.

E, por isso, começamos com a pergunta que atravessa toda a discussão: **se a IA pode produzir cada vez mais, mais rápido e com mais variações, o que faz o design continuar sendo humano?**

A resposta está na capacidade de escolher. De interpretar. De cuidar. De sustentar intenção ao longo do tempo. **A IA pode multiplicar possibilidades; só nós podemos decidir quais delas merecem existir**.

É a partir dessa pergunta — e dessa responsabilidade — que seguimos.

Quando a tecnologia muda,
o design não desaparece:
ele se expande.

Capítulo 1 — Fundamentos de IA para Designers

Q*ualquer tecnologia suficientemente avançada é indistinguível da mágica.*" A terceira lei de Arthur C. Clarke nunca foi tão relevante. Quando um designer pede à IA para "criar uma interface minimalista para um app de meditação" e recebe, em segundos, layouts profissionalmente executados, a sensação é de mágica. Mas não há mágica — há estatística sofisticada.

Para compreender o papel da Inteligência Artificial no trabalho de UX, é necessário primeiro **afastar dois equívocos perigosos**: o primeiro é imaginar a IA como uma entidade autônoma, criativa e intencional; o segundo é enxergá-la como uma simples ferramenta neutra, equivalente a um software de edição.

Nenhuma dessas interpretações é precisa. E ambas podem levar a decisões problemáticas.

O Que a IA Realmente É

A IA opera como um **sistema estatístico capaz de reconhecer padrões, relacionar informações e gerar respostas coerentes** com base em grandes volumes de dados. Isso significa que ela não cria algo "do nada" e tampouco tem consciência sobre o que produz. **O que a IA faz é recombinar, correlacionar e adaptar estruturas aprendidas previamente**.

Pense assim: quando você pede à IA para projetar uma tela de login, ela não "inventa" uma solução. Ela acessa milhões de exemplos de telas de login que processou durante o treinamento, identifica padrões comuns (campo de email, campo de senha, botão de entrada, link "esqueci minha senha") e recombina esses elementos de forma estatisticamente coerente.

A IA é um espelho sofisticado do que já existe.

Designers costumam encontrar dificuldade nesse ponto porque, em design, a criação é frequentemente associada à originalidade ou à expressão pessoal. Contudo, quando olhamos para a história da produção visual — de Bauhaus a Swiss Style, de Material Design a Design Systems contemporâneos — percebemos que muito do que chamamos de criação envolve **variação, citação, referência e reformulação**.

Como Bruno Munari observou: "*Complicar é fácil, simplificar é difícil.*" A IA não introduz um novo princípio criativo; ela torna explícita **a natureza combinatória do processo de criação**. A diferença é que ela realiza essa recombinação em uma escala e velocidade impossíveis para um ser humano.

O Que a IA Não Pode Fazer

Entender isso é fundamental para que o designer não projete na IA características que ela não possui. A IA não compreende contexto sociocultural, não interpreta ambiguidade humana, não acessa nuance moral e não reconhece implicações de longo prazo.

Considere este exemplo real: Uma empresa de saúde mental pediu à IA para criar personas para seu aplicativo. O modelo gerou perfis tecnicamente corretos: "Ana, 28 anos, publicitária, sofre de ansiedade, usa smartphone 6 horas por dia." Mas a persona não capturava a realidade de Ana: que sua ansiedade piora à noite, que ela evita notificações depois das 20h, que prefere interfaces com cores suaves porque cores vibrantes intensificam seu desconforto.

A IA produz médias estatísticas; pessoas são singularidades.

Quando responde a um prompt, ela opera por aproximação ao que é estatisticamente provável, não por intenção. **Esse ponto é crucial: a IA não sabe o que está fazendo. Quem decide sentido é sempre o humano**.

Mais Que Ferramenta, Menos Que Agente

Ao mesmo tempo, reduzir a IA a uma mera ferramenta é ignorar o **impacto cognitivo** que ela produz. Diferentemente de ferramentas como régua, pincel ou Figma, **a IA interfere diretamente no modo como pensamos**.

Quando pedimos à IA que sintetize uma entrevista, ela reorganiza informações para nós — e essa reorganização influencia nossa interpretação. Quando solicitamos alternativas de layout, ela expande o espaço de possibilidades visuais — e essa expansão molda nossa imaginação. Quando pedimos paráfrases, contrapontos ou explicações, ela influencia o enquadramento da questão.

Não estamos apenas usando uma ferramenta para executar algo: estamos usando uma ferramenta que atua dentro do processo interpretativo.

Jeff Gothelf, em "*Lean UX*", enfatizou a importância de **"pensar em voz alta"** durante o processo de design. Com a IA, passamos a **"pensar com outro"** — um outro que não é humano, mas que participa ativamente da construção do raciocínio.

Essa característica torna a IA uma **tecnologia cognitiva**. Ela oferece caminhos, hipóteses, variações, atalhos mentais. A questão não é se devemos ou não utilizá-la, mas **de que modo vamos co-pensar com ela sem delegar nossa capacidade crítica**.

Preditiva vs. Generativa: Duas Inteligências

Outro aspecto importante é a distinção entre **IA preditiva e IA generativa**:

IA Preditiva analisa comportamentos passados para antecipar futuros. Está presente em sistemas de recomendação, métricas, algoritmos de classificação e análise de comportamento de usuários. **Ela auxilia na compreensão**.

IA Generativa cria novos conteúdos — texto, imagem, áudio, código. **Ela auxilia na produção**.

No design, a interação entre esses dois tipos se torna particularmente relevante:

- Quando analisamos padrões de uso ou identificamos recorrências em entrevistas → **regime preditivo**
- Quando exploramos diferentes formas de representar uma interface ou fluxo → **regime generativo**

Em ambos os casos, **o papel do designer é o de mediador**: alguém que decide quando confiar, quando duvidar, quando aprofundar e quando descartar.

Explainable AI (XAI) e Interpretabilidade: Quando a IA precisa explicar o porquê

Quando trabalhamos com LLMs, a 'caixa-preta' técnica é muitas vezes inevitável. Por isso, o foco do designer muda da explicabilidade mecânica para a justificativa de interface. Não precisamos ver os neurônios da rede, mas devemos projetar sistemas que mostrem seu raciocínio ('Chain of Thought') e citem fontes antes de agir. Se a interface não oferece evidências do porquê, o designer não pode projetar confiança.

Essa necessidade se torna ainda mais importante quando o modelo está envolvido em **decisões que afetam pessoas**, seja recomendando um tratamento emocional, aprovando crédito, reordenando prioridades na tela inicial ou sugerindo ações dentro de um produto digital.

É nesse ponto que surge o campo de **Explainable AI (XAI)**: um conjunto de métodos, técnicas e premissas projetadas para tornar os modelos **interpretáveis, auditáveis e compreensíveis** para humanos — não apenas para engenheiros.

A questão central é simples:

Se o sistema não pode explicar o raciocínio, o designer não pode projetar confiança.

Muitos modelos de IA, como redes neurais profundas e modelos generativos de grande escala, funcionam como **caixas-pretas**: produzem resultados com alta precisão, mas oferecem **baixa explicabilidade.** Em contextos de uso cotidianos e "seguros" (como recomendar músicas ou criar variações de layout), essa caixa-preta pode ser aceitável. Mas quando falamos de saúde, educação financeira, trabalho, segurança ou bem-estar emocional, a falta de explicação **não é apenas desconfortável — é um risco.**

Por que isso importa para UX?

Designers projetam **relações de confiança.**
Se o usuário não entende por que recebeu uma recomendação, uma priorização ou um aviso, a experiência perde **credibilidade** — mesmo que o modelo esteja "correto".

Confiança no sistema depende de três camadas:

1. **Transparência** — o usuário sabe que há IA atuando.

2. **Compreensão** — o usuário entende o princípio básico da decisão.

3. **Controle** — o usuário pode contestar, ajustar ou optar por outro caminho.

Sem essas três camadas, a experiência se torna opaca e potencialmente manipulativa.

O TRADE-OFF: EXPLICABILIDADE VS. PERFORMANCE

Existe uma tensão inevitável no projeto de sistemas inteligentes:

- **Modelos muito explicáveis** → costumam ser mais simples e menos precisos.
- **Modelos altamente performáticos** → frequentemente são menos interpretáveis.

O trabalho do designer aqui é de **curadoria de confiança**: Definir onde a opacidade do modelo é tolerável (como em sugestões criativas) e onde a justificativa de interface é inegociável. Se o modelo não consegue explicar tecnicamente como pensou, o design deve obrigá-lo a apresentar fontes, evidências e o raciocínio passo a passo antes da resposta final.

IMPLICAÇÕES NO FLUXO DE DECISÃO

No nível de produto, isso significa:

- Explicar **qual dado está sendo usado**.
- Explicar **para quê** esse dado serve.
- Dar ao usuário **alternativas e reversibilidade**.
- Evitar atribuições automáticas que pareçam "inevitáveis".

Em outras palavras:

Não basta que a IA funcione. Ela precisa ser justificável.

Essa é a base para construirmos confiança em sistemas aumentados — não apenas eficientes, mas **responsáveis e compreensíveis**.

A Questão dos Vieses

Essa mediação exige consciência crítica. **Toda IA carrega vieses**. Os dados usados para treinar modelos refletem histórias de desigualdade, exclusão, tendências culturais dominantes, filtros de linguagem e movimentos de mercado.

Exemplo prático: Uma IA treinada principalmente em interfaces de empresas americanas pode sugerir padrões de navegação que não fazem sentido para usuários brasileiros. Uma IA que aprendeu com dados históricos pode reforçar estereótipos de gênero em personas. Uma IA que processou principalmente sites corporativos pode gerar soluções inadequadas para ONGs.

O uso responsável requer vigilância constante. Não há neutralidade possível.

Brenda Laurel, pioneira em design de interação, sempre defendeu que **"design é uma atividade política"**. Com a IA, essa dimensão política se intensifica: cada prompt é uma escolha sobre que tipo de mundo queremos reforçar.

Uma Nova
Ecologia Cognitiva

Ao compreender esses fundamentos, começamos a enxergar a IA não como ameaça nem como solução mágica, mas como **parte de uma ecologia cognitiva mais ampla**. Ela se torna uma extensão da inteligência humana — mas uma extensão que só é significativa quando há direção, intenção e interpretação.

O designer não é substituído porque a IA não formula problemas. Ela responde a problemas formulados por alguém. E a qualidade da resposta depende radicalmente da qualidade da pergunta.

Trabalhar com IA em UX significa, portanto, **repensar o próprio ato de projetar**. Significa reconhecer que projetar sempre envolveu construir mediações entre humanos e sistemas, entre necessidades e possibilidades, entre limites e aspirações.

A IA não altera esse princípio. Ela altera o ritmo, a escala e as formas com as quais operamos dentro dele.

O que está em jogo agora é aprender a usar essa ampliação de forma consciente. Design continua sendo uma atividade profundamente humana. A IA não substitui esse núcleo.

Ela amplia seu alcance.

O papel do designer
***não é competir com a IA**,*
mas dirigir seu potencial.

CAPÍTULO 2 — O PROCESSO DE UX COM IA: COLABORAÇÃO, NÃO SUBSTITUIÇÃO

A *questão não é se as máquinas pensam, mas se os humanos fazem.*" B.F. Skinner provocou essa reflexão décadas antes da IA generativa existir. Hoje, quando vemos interfaces inteiras sendo criadas em minutos, a pergunta se inverte: **não é se a IA pode pensar design, mas se nós continuaremos pensando com ela**.

A IA altera o processo de design não porque reduz etapas, mas porque **desloca o centro do esforço intelectual**. Ela acelera tarefas operacionais, amplia a capacidade de gerar hipóteses e reorganiza o fluxo de pensamento. No entanto, esse deslocamento não transforma o designer em alguém menos necessário. Pelo contrário: **a presença da IA torna ainda mais evidente a importância do julgamento, da análise crítica e da intenção narrativa.**

A Ilusão da Automação

É comum que a primeira reação a essas tecnologias seja imaginar que elas automatizam o design. A aparência reforça essa impressão: interfaces inteiras podem ser geradas a partir de descrições textuais; relatórios de pesquisa podem ser sintetizados em minutos; fluxos e mapas conceituais podem ser produzidos em segundos.

Considere esta situação real: Uma startup de fintech precisava redesenhar seu onboarding. Usando IA, a equipe gerou 50 variações de fluxo em uma manhã. Todas tecnicamente funcionais, todas esteticamente coerentes. O CEO ficou impressionado: "Nunca fomos tão produtivos!" Mas três semanas depois, nos testes com usuários, descobriram que nenhuma das 50 variações resolvia o problema real: **pessoas abandonavam o processo não por questões visuais, mas porque não entendiam por que precisavam fornecer tantos dados pessoais**.

Facilidade não é sinônimo de sentido. Produzir mais não implica produzir melhor. O volume pode nos afastar da profundidade se não houver critérios claros que orientem o processo.

Como Don Norman observa em "*The Design of Everyday Things*": **"O design não é apenas sobre como algo parece e como se sente. Design é sobre como funciona."** A IA pode produzir a aparência; apenas o designer pode determinar como algo deve funcionar para pessoas reais.

O Novo Fluxo: Redistribuição, Não Redução

Para entender a integração da IA no processo de UX, é útil observar o fluxo que guia práticas consolidadas:

pesquisar → compreender → idear → prototipar → testar → iterar

A IA não elimina nenhuma dessas etapas. Porém, ela reorganiza como nos movemos dentro delas.

Além do Double Diamond: A Evolução do Design Council

Ao longo dos últimos anos, o próprio Design Council — instituição que tornou o **Double Diamond** uma das visualizações mais difundidas do processo de design — tem revisitado a adequação desse modelo aos desafios contemporâneos. Originalmente formulado como uma forma clara de representar *divergência* e *convergência* no processo criativo, o Double Diamond ganhou enorme popularidade por sua simplicidade, mas essa mesma simplicidade passou a ser questionada quando aplicado a problemas complexos, sócio-técnicos e interdependentes.

Em 2021, o Design Council publicou uma série de reflexões indicando que, frente aos problemas de escala sistêmica (como saúde pública, cidades inteligentes, clima, políticas intersetoriais e transformação organizacional profunda), o enfoque linear do Double Diamond **não é suficiente** para orientar intervenções de longo prazo. A questão não é que o modelo esteja errado — mas que ele *não dá conta sozinho* de processos que envolvem múltiplos atores, camadas de impacto, ciclos de retroalimentação e mudanças culturais graduais.

Em resposta a isso, o Design Council apresentou o **Systemic Design Framework**, um modelo que desloca o foco do *"resolver um problema"* para o *"compreender e atuar em ecossistemas"*. Essa abordagem reconhece que:

- Problemas raramente têm uma causa única.
- Mudanças não acontecem apenas por soluções pontuais.
- Projetos de design não terminam na entrega — eles evoluem dentro de sistemas vivos.

Enquanto o Double Diamond enfatiza **processo**, o Systemic Design Framework enfatiza **contexto, relações e dinâmicas**. O papel do designer deixa de ser o de executar uma sequência de etapas, e passa a ser o de **orquestrar múltiplos movimentos**, navegando incertezas, adaptando ferramentas e promovendo articulações entre stakeholders, decisões e impactos.

Essa evolução dialoga diretamente com o tema deste capítulo: quando falamos em ampliar o trabalho do designer — e não substituí-lo — estamos falando justamente da capacidade de **operar em ecossistemas complexos**, algo que frameworks lineares não capturam integralmente. A IA, nesse cenário, não simplifica o design; ela **expande o campo onde o design opera**.

Em síntese:

o Double Diamond continua sendo uma boa porta de entrada, mas não um mapa completo.
O futuro do design exige modelos capazes de lidar com sistemas, não apenas com soluções.

Pesquisa Ampliada

Na pesquisa, a IA pode acelerar o levantamento de informações, comparar documentos, agrupar padrões textuais, identificar temas recorrentes em entrevistas. Uma designer de produto da iFood relatou: "*Antes, eu levava dois dias para sintetizar 20 entrevistas. Agora levo duas horas. Mas o tempo que economizo na síntese, eu invisto em fazer perguntas mais profundas durante as entrevistas.*"

A IA moderna, sendo multimodal, pode até transcrever pausas e detectar variações de tom. Porém, ela não possui a empatia biológica para sentir o peso desse silêncio. Ela registra a hesitação como dado, mas não compartilha da angústia que a causou. Elementos essenciais para compreender a experiência humana residem na vivência compartilhada, não apenas no processamento de sinal.

IDEAÇÃO EXPANDIDA

Durante a ideação, a IA funciona como **instrumento de expansão**. Quando pedimos que proponha metáforas visuais, estilos de interface ou estruturas narrativas, estamos usando sua capacidade combinatória para amplificar nosso imaginário.

Mas há uma diferença crucial: a IA pode sugerir que um app de meditação use "tons terrosos e tipografia serifada para transmitir calma". Apenas o designer pode decidir se essa calma é contemplativa, melancólica ou nostálgica — e cada uma dessas nuances leva a soluções completamente diferentes.

PROTOTIPAÇÃO ACELERADA

Ao prototipar, a IA pode automatizar partes repetitivas: construção de componentes, organização de layouts, adaptação de layouts. **Isso libera tempo para que o designer se dedique àquilo que importa**: entender como cada elemento participa da experiência, qual é o papel emocional da interface, onde se encontra o ponto de contato entre estética, comportamento e intenção.

Teste Interpretativo

Nos testes, a IA pode sugerir heurísticas, organizar feedbacks, estruturar oportunidades de revisão. Mas **nenhuma simulação substitui o encontro entre pessoas e artefatos**. Testes não são apenas meios para identificar erros; são oportunidades para compreender valores, expectativas, limitações e fricções.

De Executor a Diretor

Assim, **o processo de UX com IA não se torna mais curto, mas mais redistribuído**. O tempo antes concentrado na execução técnica se desloca para a análise, para a formulação do problema, para a concepção do sentido.

O designer deixa de operar principalmente como executor e passa a atuar como diretor. Não se trata de abandonar ferramentas, mas de assumir o papel de quem decide como, quando e por quê.

Alan Cooper, em "*The Inmates Are Running the Asylum*", argumentou que **"o computador deve se adaptar ao humano, não o contrário"**. Com a IA, essa premissa se intensifica: não basta que a tecnologia seja poderosa; ela precisa ser dirigida por intenção humana.

Essa mudança revela algo importante: **a IA não reconfigura apenas o processo, mas também a postura do designer**. Em vez de se perguntar "como faço isso?", o designer começa a perguntar "qual é a intenção dessa solução?" e "o que essa experiência significa para as pessoas envolvidas?".

Coreografia, Não Divisão

A colaboração entre humano e máquina não é uma divisão de tarefas, mas uma **coreografia de papéis**:

- ➡ A IA sustenta o campo da variação, da síntese e da recombinação
- ➡ O designer sustenta o campo da escolha, da interpretação e da narrativa

A potência emerge do entrelaçamento dos dois.

Considere este exemplo prático: Uma equipe de UX estava projetando um aplicativo para acompanhamento de gravidez. A IA gerou dezenas de propostas para a tela principal — algumas focadas em dados médicos, outras em bem-estar emocional, outras em comunidade.

Todas tecnicamente corretas. Mas apenas a designer grávida da equipe percebeu que nenhuma das propostas considerava a ansiedade específica do primeiro trimestre, quando muitas mulheres ainda não compartilharam a notícia.

*A IA pode repetir padrões;
o designer precisa construir intenções.*

Responsabilidade Ampliada

Essa redistribuição de papéis traz uma consequência importante: **projetar com IA é projetar com mais responsabilidade, não menos**. Quanto mais potente a ferramenta, mais rigor é exigido de quem a conduz.

Jeff Gothelf e Josh Seiden, em "*Sense and Respond*", enfatizam que **"o objetivo não é construir mais recursos, mas construir os recursos certos"**. Com a IA, essa distinção se torna crítica: é fácil construir muito, mas difícil construir o que importa.

O designer que trabalha com IA precisa desenvolver **discernimento acelerado**: a capacidade de avaliar rapidamente se uma solução gerada faz sentido, se alinha com os objetivos do usuário, se respeita limitações contextuais, se contribui para uma experiência coerente.

O Processo Como Conversa

Trabalhar com IA transforma o processo de design em uma **conversa contínua**. O designer propõe direção, a IA oferece variações, o designer refina a direção, a IA ajusta as variações. É um diálogo onde cada iteração revela novas possibilidades e novos limites.

Mas, como em qualquer conversa, **a qualidade do resultado depende da qualidade das perguntas**. Um prompt genérico produz resultados genéricos. Uma intenção clara produz variações relevantes.

Bret Victor, em "*Learnable Programming*", defendeu que **"ferramentas de criação devem tornar o pensamento visível"**. A IA faz exatamente isso: ela torna visíveis possibilidades que antes permaneciam implícitas. Cabe ao designer decidir quais dessas possibilidades merecem ser exploradas.

Conclusão: Amplificação Consciente

O processo de UX com IA não é sobre acelerar entregas ou automatizar criatividade. É sobre amplificar a capacidade humana de imaginar, escolher e construir experiências significativas.

A IA pode multiplicar possibilidades; só nós podemos decidir quais delas merecem existir.

Essa escolha — e a responsabilidade que ela carrega — é o que mantém o design profundamente humano, mesmo em um mundo cada vez mais automatizado.

***A IA não cria sozinha**: ela amplia nossa capacidade de imaginar e decidir.*

CAPÍTULO 3 — PESQUISA EM UX AMPLIADA PELA IA: SÍNTESE, PROFUNDIDADE E RISCO

N*ão é o que você olha que importa, é o que você vê.*" Henry David Thoreau capturou, no século XIX, a essência do que hoje chamamos de pesquisa qualitativa. **A pesquisa é o espaço onde o design encontra o mundo**. É nela que se estabelecem os vínculos entre o que as pessoas fazem, o que dizem fazer e o que realmente precisam.

Por isso, qualquer discussão sobre o uso de IA em UX precisa começar reconhecendo que **a pesquisa é o coração do processo — e que esse coração não pode ser automatizado**.

O Que a IA Pode e Não Pode Fazer na Pesquisa

A IA tem papel importante na pesquisa, mas esse papel é **complementar, nunca substitutivo**. Ela acelera o levantamento de informações, auxilia na análise de entrevistas, identifica recorrências em transcrições longas, organiza grandes quantidades de dados em estruturas mais legíveis.

Ela otimiza o trabalho de síntese sem, no entanto, assumir o ato de interpretar.

Há uma diferença essencial que Steve Portigal, autor de "*Interviewing Users*", sempre enfatizou: "Dados são o que aconteceu. Insights são o que isso significa." A IA executa o primeiro; o designer exerce o segundo.

Considere este exemplo: Uma grande plataforma de serviços financeiros digitais entrevistou 30 usuários sobre suas experiências com investimentos. A IA processou as transcrições e identificou que 73% mencionaram "medo" e 68% falaram sobre "família". Dados corretos, padrões reais. **Mas apenas a pesquisadora humana percebeu que o "medo" não era de perder dinheiro — era de não conseguir explicar para a família por que estava investindo.**

A IA atuou como **ferramenta de síntese**, enquanto a interpretação e decisão permaneceram com a equipe de design e produto. Essa nuance transformou completamente a estratégia do produto. A IA pode contar quantas vezes uma palavra aparece; só o humano pode compreender o peso emocional que ela carrega quando dita.

O Encontro Humano Não Pode Ser Digitalizado

Quando realizamos uma entrevista, **não estamos apenas coletando dados. Estamos construindo um espaço de relação**. Observamos pausas, entonações, hesitações, gestos que confirmam ou contradizem o discurso verbalizado. Percebemos como a pessoa se aproxima do problema e como se afasta dele.

Erika Hall, em "*Just Enough Research*", observa que **"as melhores descobertas vêm não do que as pessoas dizem, mas de como elas dizem"**. Nada disso pode ser capturado de forma completa por uma transcrição textual, muito menos interpretado por um modelo estatístico.

A síntese, nesse sentido, é menos uma atividade de agrupamento e mais uma atividade de leitura do mundo. Quando organizamos post-its em clusters, não estamos apenas criando categorias. Estamos narrando relações entre fragmentos de experiência humana.

A IA Como Provocadora de Interpretações

No entanto, seria um erro limitar o papel da IA ao trivial. **Quando utilizada com consciência, ela expande a investigação.** Pode nos permitir testar hipóteses rapidamente, explorar contranarrativas, questionar pressupostos e revelar vieses que não percebíamos.

Uma prática emergente é pedir à IA que gere **leituras alternativas** de um mesmo conjunto de dados. Por exemplo:

Prompt: "*Analise estas entrevistas sobre e-commerce assumindo que os usuários são principalmente motivados por status social.*"

Depois: "*Agora analise os mesmos dados assumindo que são motivados por praticidade.*"

E então: "*Finalmente, analise assumindo que são motivados por ansiedade financeira.*"

Cada lente revela padrões diferentes nos mesmos dados. A IA, nesse caso, funciona como um espelho que revela ângulos que não tínhamos considerado. Não porque ela entende, mas porque ela recombina de outro modo.

Essa ampliação é valiosa quando tratada como **provocação**.

Não é a IA que decide o que é verdade, mas o designer que decide o que é relevante.

Os Riscos da Delegação Interpretativa

Há, no entanto, riscos importantes que já começamos a observar em equipes que adotaram IA na pesquisa:

1. O Risco do Estereótipo Estatístico

A IA tende a reforçar padrões dominantes. Se pedimos que descreva uma persona para um app de investimentos, é provável que ofereça perfis baseados em dados históricos — que podem refletir exclusões sistêmicas. **Pessoas não são médias. A média é o lugar onde a singularidade desaparece**.

2. A Ilusão de Profundidade

Quando recebemos um texto bem articulado e com vocabulário preciso, tendemos a assumir que há compreensão ali. **Mas o entendimento é humano, não algorítmico**. O modelo devolve fluência, não significado.

Uma equipe de UX de uma empresa de educação relatou: "A IA sintetizou nossas entrevistas de forma tão clara e convincente que quase não questionamos as conclusões. Só depois percebemos que ela havia 'suavizado' contradições importantes que precisávamos explorar."

3. A Perda do Inesperado

O que define a pesquisa de UX é justamente **a atenção à singularidade** — o inesperado, o contraditório, o raro, o que desafia o óbvio. Se delegamos inteiramente a análise à IA, perdemos a capacidade de encontrar aquilo que escapa às estruturas já consolidadas.

4. O Risco da Confabulação (Alucinação)

Diferente do viés, que distorce a interpretação, a alucinação inventa fatos. Modelos generativos podem criar citações verossímeis de usuários que nunca existiram, apenas para satisfazer a lógica de um argumento. Em UX Research, a verificação da fonte primária (o áudio ou transcrição bruta) deixa de ser opcional e torna-se obrigatória.

Práticas Emergentes: Como Pesquisar Com IA

Equipes maduras estão desenvolvendo protocolos específicos para pesquisa ampliada por IA:

O Método da Dupla Síntese

1. **1. Síntese por Amostragem Humana (Calibração):** O pesquisador analisa profundamente uma amostra (ex: 10% das entrevistas) para estabelecer a 'verdade de base';

2. **2. Escala via IA:** A IA processa o volume total (100%), guiada pelos critérios descobertos na amostra;

3. **3. Auditoria de Alucinação:** O humano verifica se as citações-chave trazidas pela IA realmente existem nos áudios originais (verificação de fatos), mitigando o risco de invenção.

Prompts Estruturados para Pesquisa

Em vez de pedir "sintetize estas entrevistas", pesquisadores estão usando prompts mais específicos:

"*Identifique momentos de hesitação ou contradição nestas entrevistas. Não tente resolver as contradições — apenas mapeie onde elas aparecem.*"

"*Liste frases exatas onde os entrevistados expressaram emoções. Não interprete as emoções — apenas identifique onde elas foram verbalizadas.*"

A IA Como "Advogado do Diabo"

Usar a IA para questionar interpretações humanas:

"*Aqui estão nossas conclusões sobre o comportamento dos usuários. Que evidências contraditórias você encontra nos dados? Que interpretações alternativas são possíveis?*"

VIGILÂNCIA CONSTANTE

O uso maduro da IA na pesquisa exige vigilância constante: é necessário desconfiar da clareza excessiva, da síntese fácil, das explicações muito bem formatadas. A clareza produzida sem esforço pode ocultar uma ausência de verdade.

Como observa Brenda Laurel em "*Computers as Theatre*": "A interface não é neutra. Ela sempre carrega uma perspectiva sobre como o mundo deveria funcionar." Com a IA, essa perspectiva se torna ainda mais invisível — e, por isso, mais perigosa.

PESQUISA COMO ATO DE PRESENÇA

A pesquisa ampliada pela IA é, portanto, **uma prática que exige presença**. Exige escuta, atenção, cuidado. Exige a disposição de se confrontar com o que foge ao esperado. Exige acolher o não dito, o vago, o estranho.

É nesse território que o design se constitui como produção de sentido. Não se trata de acelerar descobertas. Trata-se de não perder a profundidade enquanto ampliamos o alcance.

Como Steve Jobs disse certa vez: "Você tem que começar com a experiência do cliente e trabalhar de volta para a tecnologia."

*A IA pode nos ajudar a ver mais.
Mas apenas nós podemos ver
o que importa.*

A pesquisa continua sendo um encontro humano. A IA pode documentar esse encontro, organizá-lo, até mesmo provocá-lo. **Mas não pode substituí-lo**.

Não substituímos etapas:
***reformulamos** caminhos*
para trabalhar melhor.

CAPÍTULO 4 — IMAGINAÇÃO AMPLIADA: IA NA IDEAÇÃO E NO DESENVOLVIMENTO DE CONCEITOS

A imaginação é mais importante que o conhecimento." Einstein intuiu algo que hoje se torna evidente no design com IA: **idear é um ato de abrir o campo do possível**. É o momento em que o design suspende, ainda que temporariamente, a realidade como ela é, para imaginar como ela poderia ser.

É um exercício de projeção, ficção orientada, construção especulativa.

Trata-se de formular mundos potenciais.

Nesse espaço, a IA se torna particularmente poderosa não porque cria por nós, mas porque multiplica exponencialmente o espaço onde a imaginação pode se mover.

O Repertório Infinito

Antes da IA, a ideação dependia fortemente da capacidade individual e coletiva de produzir variações e conexões. Quando um time desenhava em um quadro branco ou preenchia uma parede com post-its, **a imaginação era a soma direta das referências presentes no grupo**. O que o grupo não conhecia, não imaginava. O que não estava no repertório, não surgia.

A IA reorganiza completamente essa equação. Ela amplia repertórios instantaneamente, circula entre campos, estilos, linguagens e metáforas que não estavam necessariamente disponíveis ao designer.

Considere este exemplo real: Uma equipe estava projetando um app para jardinagem urbana. Durante um brainstorming tradicional, surgiram ideias previsíveis: calendários de plantio, identificação de plantas, dicas de cuidado. **Todas corretas, todas óbvias**.

Então experimentaram com IA: "*Como seria um app de jardinagem inspirado em jogos de RPG?*" A IA sugeriu: plantas como "personagens" que evoluem, missões diárias de cuidado, sistema de experiência baseado em crescimento das plantas, "guildas" de jardineiros por região.

Esse movimento não substitui a criação, mas a desloca. A equipe não usou literalmente as sugestões da IA, mas elas abriram um território conceitual completamente novo: gamificação como cuidado, não como competição.

Direção Antes de Variação

No entanto, essa ampliação traz uma exigência nova: **é preciso direção.** A IA pode produzir infinitas variações, mas apenas o designer pode escolher qual variação corresponde ao que a experiência precisa. **Sem direção, a IA produz excesso. E o excesso não expande a imaginação; ele a dispersa.**

Bruno Munari, em "*Das Coisas Nascem Coisas*", observou que **"projetar é fácil quando se sabe o que fazer"**. Com a IA, essa premissa se intensifica: o desafio não é gerar possibilidades, mas reconhecer quais possibilidades fazem sentido.

A ideação com IA começa, portanto, pela **formulação de intenção**. Não se trata de pedir "ideias", mas de descrever o tipo de transformação desejada.

Exemplo de Prompt Superficial:

"*Crie ideias para um app de transporte.*"

Exemplo de Prompt Direcionado:

"Como podemos fazer com que uma pessoa se sinta segura e respeitada ao usar transporte público à noite, especialmente se ela for mulher, jovem ou idosa?"

A diferença é radical. O primeiro prompt gera variações genéricas. O segundo gera possibilidades específicas: iluminação inteligente em pontos de ônibus, compartilhamento de localização com contatos de confiança, avaliação de segurança de rotas, conexão com outros passageiros em situação similar.

Qualidades Afetivas Como Ponto de Partida

Quando imaginamos uma solução para orientar pessoas em um ambiente desconhecido, não estamos apenas pensando em mapas, sinais ou interfaces. **Estamos pensando em orientação como experiência** — segurança, clareza, confiança, presença.

A pergunta não é "que tela devo desenhar?", mas "como alguém se sente quando encontra o que procura?". **A IA opera melhor quando respondemos a questões desse tipo**.

Considere estes prompts alternativos para o mesmo problema:

Versão técnica: "Projete uma interface de navegação indoor."

Versão afetiva: "Como fazer alguém se sentir acolhido e confiante ao procurar um banheiro em um shopping center desconhecido?"

A segunda abordagem produz ideias mais ricas: sinais que antecipam necessidades, linguagem visual que tranquiliza, feedback que confirma que a pessoa está no caminho certo, alternativas para diferentes níveis de urgência.

Quando descrevemos o problema a partir de suas qualidades afetivas, narrativas, culturais e situacionais, estamos oferecendo à IA um ponto de partida que não é superficial.

A IA Como Provocadora de Deslocamentos

A ideação é também o espaço onde **a IA pode nos confrontar com aquilo que não teríamos inventado sozinhos**. Ela pode aproximar elementos distantes, revelar parentescos improváveis, sugerir metáforas inesperadas.

Uma técnica emergente é o **"prompt de colisão"**: pedir à IA que combine domínios aparentemente incompatíveis.

Exemplo: "Como seria um sistema de agendamento médico inspirado em aplicativos de namoro?"

Resultado: Perfis de médicos com personalidade, "match" baseado em compatibilidade de horários e preferências, conversas informais antes da consulta, avaliações mútuas pós-consulta.

Uma metáfora poderosa pode reestruturar um projeto inteiro. A IA pode propor dezenas delas em poucos segundos. Mas a escolha da metáfora que orientará a experiência é humana. **É um gesto de direção criativa**.

Autoria Deslocada, Não Eliminada

A autoria, nesse contexto, não desaparece. **Ela muda de lugar**. Não está mais na execução manual da forma, mas na curadoria do sentido. Um designer autoral não é aquele que produz tudo com as próprias mãos, mas aquele que sustenta uma visão.

Bret Victor, em "*Inventing on Principle*", defendeu que **"criadores precisam de uma conexão imediata com aquilo que estão criando"**. A IA torna isso mais evidente: quando qualquer pessoa pode gerar variações visuais, **o que distingue o designer é a capacidade de reconhecer o que essa variação significa** — o que ela reforça, o que ela comunica, o que ela convoca no imaginário do usuário.

Da Melhor Ideia
à História Certa

Nesse cenário, **a ideação deixa de ser uma busca por "a melhor ideia" e se torna uma investigação sobre qual história queremos contar**. Cada solução carrega uma narrativa implícita. A interface comunica modos de agir, modos de sentir, modos de estar no mundo.

Uma solução pode orientar para autonomia ou para dependência. Pode convidar à exploração ou à submissão. Pode acolher diferenças ou apagá-las. **A IA não reconhece essas dimensões. Quem reconhece é o designer**.

Exemplo prático: Uma fintech estava ideando sobre como apresentar investimentos para jovens adultos. A IA gerou múltiplas abordagens:

1. **Gamificação competitiva**: Rankings, badges, competições

2. **Educação progressiva**: Lições, quizzes, certificados

3. **Simulação realista**: Cenários de vida, impactos financeiros

4. **Comunidade colaborativa**: Grupos, mentoria, experiências compartilhadas

Todas tecnicamente viáveis. Mas cada uma conta uma história diferente sobre o que significa ser jovem, sobre o que é dinheiro, sobre como se relacionar com o futuro.

A escolha não é técnica. ***É narrativa.***

Processo Como Conversa Criativa

Trabalhar com IA transforma a ideação em uma **conversa contínua**. O designer propõe direção, a IA oferece variações, o designer refina a direção, a IA ajusta as variações. É um diálogo onde cada iteração revela novas possibilidades e novos limites.

Mas, como observa John Thackara em "*In the Bubble*": **"Design não é sobre objetos, mas sobre relações."**

A IA pode multiplicar objetos;
só nós podemos construir relações.

Imaginação Responsável

A IA amplia a imaginação, mas não decide o que essa imaginação deve fazer. Ela oferece espaço; nós decidimos direção.

Por isso, a ideação com IA não pode ser reduzida a um processo acelerado de brainstorming automatizado. **Ela**

deve ser conduzida como um diálogo crítico entre o que é proposto e o que se quer construir. A IA pergunta, provoca, expande. O designer responde, seleciona, orienta.

O design emerge dessa relação.

Imaginar com IA não significa imaginar menos. **Significa imaginar com mais alcance**. Mas alcance não é objetivo suficiente. O que define o valor da imaginação é sua capacidade de transformar a experiência.

E é isso que só o humano pode orientar.

O valor nasce no encontro entre ***intuição humana e cálculo algorítmico****.*

Capítulo 5 — Prototipação Ampliada: Forma, Coerência e Tom da Experiência

A *forma segue a função.*" Louis Sullivan estabeleceu esse princípio no século XIX, mas hoje precisamos de uma atualização: **a forma segue a intenção**. E com a IA, essa distinção se torna crítica.

Idear é um ato de abrir o campo do possível.

É o momento em que o design suspende, ainda que temporariamente, a realidade como ela é, para imaginar como ela poderia ser.

Prototipar é dar corpo ao pensamento. É o momento em que uma ideia deixa o domínio da abstração e passa a existir como algo manipulável, observável, criticável. No protótipo, vemos aquilo que antes estava apenas sugerido. Testamos possibilidades, identificamos tensões, descobrimos inconsistências que não apareciam enquanto tudo era apenas conceito.

O protótipo, portanto, não é apenas um artefato; é uma ferramenta de pensamento.

A Sedução da Velocidade

O que muda com a IA não é o papel do protótipo, mas a natureza do caminho até ele. Antes, prototipar exigia tempo, técnica e esforço manual considerável. Construir variações demandava recomeçar, refazer, reequilibrar layouts, revisar componentes.

A IA altera essa relação porque pode gerar múltiplas formas em velocidade e escala. Em poucas palavras: a IA torna o protótipo rápido. Mas prototipar rápido não é o mesmo que prototipar bem.

Considere este exemplo: Uma startup de saúde mental usou IA para gerar 30 versões de sua tela principal em uma tarde. Todas visualmente polidas, todas tecnicamente funcionais. O fundador ficou eufórico: "*Nunca tivemos tantas opções!*" Mas quando testaram com usuários, descobriram que **todas as 30 versões transmitiam a mesma sensação: frieza clínica**. Nenhuma comunicava o acolhimento emocional que pessoas em vulnerabilidade precisavam sentir.

A aceleração da forma pode nos seduzir. Quanto mais a IA nos entrega layouts polidos, iconografias bem compostas e elementos visualmente coesos, mais sentimos a sensação de progresso. A superfície parece resolvida.

O perigo está justamente nessa sensação. Quando a superfície parece pronta cedo demais, podemos assumir que a experiência está amadurecida — quando, na verdade, apenas a imagem da experiência foi acelerada.

Estatística vs. Intenção

O protótipo gerado por IA não carrega intenção; ele carrega estatística. As relações que compõem a interface — o ritmo do fluxo, o lugar da atenção, o tom emocional de cada elemento — não são resultado de decisões conscientes, mas de padrões repetidos.

Há coerência formal, mas não há coerência narrativa. **O protótipo pode ser bonito e ainda assim vazio**. A IA opera com aparência; o design opera com sentido.

Dieter Rams, em seus dez princípios do bom design, estabeleceu que **"bom design é o mínimo de design possível"**. Mas o "mínimo" não é uma questão quantitativa

— é uma questão de intenção. Cada elemento deve ter uma razão de existir. **A IA pode produzir minimalismo visual; só o designer pode produzir minimalismo conceitual.**

O Tom Como Experiência Invisível

A questão central torna-se, então, **como preservar o tom da experiência**. O tom não está na cor, na fonte ou no ícone. Está no modo como esses elementos orientam o encontro entre o usuário e o produto.

O tom é aquilo que uma interface faz o usuário sentir sobre si mesmo e sobre a relação que estabelece com o sistema. Nenhum modelo generativo reconhece essa dimensão porque ela não é quantificável. Ela é uma interpretação humana.

Considere estas duas interfaces para um app de investimentos:

Interface A:
Cores sóbrias, tipografia serifada, ícones minimalistas

Interface B:
Cores vibrantes, tipografia sans-serif, ícones ilustrativos

Ambas podem ser "corretas" tecnicamente. Mas a primeira comunica seriedade e tradição; a segunda comunica acessibilidade e modernidade. **Cada uma constrói uma relação diferente entre o usuário e o dinheiro.**

A IA pode gerar ambas, mas não pode decidir qual é apropriada para o contexto específico. Essa decisão exige compreender não apenas o produto, mas o momento de vida do usuário, suas ansiedades, suas aspirações.

Prototipar Com Intenção

Prototipar com IA exige, portanto, **um retorno à direção de intenção**. Antes de gerar telas, é preciso decidir que tipo de experiência estamos tentando construir.

Uma experiência que **acolhe** é diferente de uma experiência que **acelera**. Uma experiência que **orienta** é diferente de uma experiência que **confronta**. Uma experiência que **se aproxima** é diferente de uma experiência que **observa à distância**.

Exemplo de Brief Tradicional:
"*Crie uma tela de cadastro para nosso app.*"

Exemplo de Brief Direcionado:
"Crie uma tela de cadastro que faça o usuário sentir que está sendo recebido por um amigo confiável, não interrogado por uma instituição."

A diferença é radical. O primeiro brief produz formulários genéricos. O segundo produz experiências específicas: linguagem conversacional, campos que se revelam progressivamente, explicações que antecipam dúvidas, feedback que celebra cada etapa completada.

Coerência Narrativa vs. Coerência Visual

Outro aspecto importante é a **coerência**. A IA pode gerar múltiplas telas com estilos semelhantes, mas a coerência verdadeira não é visual. **Ela é conceitual**.

Coerência é continuidade de sentido ao longo do tempo e do espaço da experiência. É aquilo que faz um usuário reconhecer que está sendo tratado pelo mesmo sistema, guiado pela mesma lógica, recebido pela mesma intenção.

A coerência é uma narrativa estendida. A IA pode repetir padrões; apenas o designer pode tecer narrativa.

Exemplo prático: Um banco digital estava prototipando sua experiência de onboarding. A IA gerou telas visualmente consistentes — mesma paleta, mesma tipografia, mesmos componentes. Mas quando testaram o fluxo completo, perceberam que **a primeira tela tratava o usuário como especialista financeiro, a segunda como iniciante, a terceira como suspeito de fraude**.

Coerência visual, incoerência narrativa.

Práticas Emergentes: Prototipação Dirigida

Equipes maduras estão desenvolvendo novos métodos para prototipar com IA:

1. O Método do Tom Primeiro

Antes de gerar qualquer interface, a equipe define:

- ➡ Como queremos que o usuário se sinta?
- ➡ Que tipo de relação estamos construindo?
- ➡ Qual é a personalidade do produto?

Só então usam IA para explorar formas que expressem essas qualidades.

2. Prototipação por Cenários Emocionais

Em vez de prototipar telas isoladas, prototipam **jornadas emocionais**:

- ➡ Como a interface se comporta quando o usuário está ansioso?
- ➡ Como ela responde quando ele está confiante?
- ➡ Como ela se adapta quando ele está com pressa?

3. A IA Como Crítica

Usar a IA para questionar decisões de design:

"Analise este protótipo. Que mensagens implícitas ele pode estar enviando? Que grupos de usuários podem se sentir excluídos?"

Tempo Liberado, Responsabilidade Ampliada

Assim, prototipar com IA não significa abandonar o rigor formal, mas elevar o rigor da escolha. Significa olhar para cada elemento perguntando não apenas "funciona?", mas "para quem isso é, em que situação, com que intenção, com qual consequência?"

O tempo que antes era consumido pela execução pode agora ser dedicado à compreensão. Em vez de gastar energia desenhando o que já sabemos, podemos gastar energia descobrindo o que ainda não sabemos.

A IA libera tempo. Cabe ao designer escolher o que fazer com esse tempo.

Protótipos Como Ambientes, Não Coleções

Quando o protótipo é construído com consciência narrativa, ele deixa de ser uma coleção de telas e se torna um ambiente de experiência. A IA não constrói ambientes. Ela constrói superfícies. O designer constrói relações.

Como observa Christopher Alexander em "*A Pattern Language*": **"Cada lugar é dado seu caráter por certos padrões de eventos que continuamente ocorrem ali."** No design digital, esses padrões são as micro-interações, as transições, os feedbacks, as antecipações.

A IA pode sugerir elementos; só o designer pode orquestrar a experiência.

A Verdadeira Prototipação Ampliada

A verdadeira prototipação ampliada pela IA não consiste em produzir mais rápido, mas em **pensar com mais clareza**. Não é sobre ter mais opções, mas sobre ter opções mais conscientes.

Prototipar é imaginar como alguém viverá dentro de algo que criamos. A IA pode modelar paredes e objetos, mas só nós podemos decidir como se vive dentro deles.

A forma pode seguir a função, mas **a função deve seguir o cuidado**. E cuidado é uma qualidade profundamente humana.

Considere esta cena, cada vez mais comum: Uma designer de produto recebe um brief na segunda-feira. Até quarta-feira, ela já explorou 200 variações visuais, testou 15 arquiteturas de informação diferentes e prototipou 8 fluxos alternativos — tudo com apoio de IA. O que antes levaria semanas agora acontece em dias. Mas aqui está o paradoxo: **acelerar a execução não acelera o entendimento**.

A velocidade com que protótipos são criados, interfaces são variacionadas e textos são sintetizados alterou radicalmente o ritmo do processo de design.

*Porém, essa aceleração não resolve — e pode até obscurecer — o verdadeiro núcleo da disciplina: **compreender situações, formular problemas, negociar significados e produzir sentido.***

Ampliar não é
automatizar sem critério:
***é projetar com consciência**.*

CAPÍTULO 6 — DESIGN SYSTEMS E DESIGNOPS NA ERA DA IA: ESTRUTURA, ESCALA E EVOLUÇÃO

A *arquitetura é uma música de pedra.*" Goethe capturou algo essencial sobre sistemas: eles não são apenas estruturas, são **organismos que respiram, evoluem e expressam valores**.

Design Systems surgiram como resposta à necessidade de consistência, eficiência e escalabilidade em produtos digitais. Mas na era da IA, eles se tornam algo mais profundo: **a manifestação explícita da cultura de um produto**.

Do Catálogo ao Organismo

À medida que as interfaces se tornaram mais complexas e distribuídas, tornou-se impossível depender apenas da memória ou preferência de um designer para manter coesão visual e de experiência. **O Design System consolidou princípios, componentes, padrões de interação, diretrizes de tom e comportamento, criando uma linguagem comum capaz de alinhar equipes inteiras**.

No entanto, mesmo antes da IA, já havia uma tensão central: **um Design System não é apenas um catálogo. Ele é um organismo**. Ele vive, muda, amadurece, adapta-se a novos contextos de uso. Quando tratado como biblioteca estática, ele rapidamente se torna obsoleto. Quando tratado como infraestrutura viva, ele se torna a espinha dorsal da experiência contínua.

É aqui que o **DesignOps** emerge como disciplina: a prática que garante que processos, cultura, ferramentas e estratégia permitam que o Design System evolua com consistência e intenção.

A chegada da IA não simplifica essa dinâmica; ela a aprofunda.

Automação vs. Intenção

Por um lado, a IA automatiza tarefas que antes exigiam esforço manual contínuo:

- Sugerir variações estilísticas de componentes
- Documentar mudanças automaticamente
- Gerar exemplos de uso contextualizado
- Adaptar layouts para múltiplos tamanhos de tela
- Refatorar padrões visuais
- Acelerar a tradução de tokens de design para rascunhos de código (exigindo validação de engenharia para garantir conformidade com a arquitetura legada)

Em outras palavras, ela acelera a manutenção, a atualização e a expansão do Design System.

Considere este exemplo: Uma grande empresa brasileira de delivery digital iniciou o uso de modelos de IA para **auxiliar na documentação do Design System**, reduzindo o tempo entre criação de componentes e padronização visual/técnica. A IA não substitui o time de design; ela atua como **assistente de redação técnica e validação de consistência**, acelerando iterações internas. **Resultado: mais tempo para pensar na evolução estratégica do sistema, menos tempo gasto em tarefas operacionais**.

Por outro lado, essa automação não resolve o problema fundamental: **um Design System não é valioso porque é completo, mas porque é consequente**.

Ele precisa expressar intenções de experiência. Precisa dizer algo sobre a cultura do produto, sobre o modo como ele trata o usuário, sobre o que considera importante, sensível, justo.

A IA não define cultura.
Ela apenas reproduz padrões aprendidos.

O Risco da Esterilização

Se delegarmos ao modelo a definição do Design System, teremos um catálogo de componentes visualmente coerentes, porém existencialmente vazios. **A interface será organizada, porém indiferente. A experiência será funcional, porém sem caráter**.

Exemplo prático: Uma fintech usou IA para expandir seu Design System, gerando automaticamente variações de botões, cards e formulários. O resultado foi tecnicamente impecável — centenas de componentes perfeitamente alinhados com as diretrizes visuais existentes. Mas quando testaram com usuários, descobriram que **toda a personalidade da marca havia desaparecido**. As interfaces pareciam genéricas, intercambiáveis com qualquer outro produto financeiro.

Ao permitir que a IA gere estrutura sem direção, corremos o risco de transformar o Design System em um repositório estéril — eficiente, porém desprovido de perspectiva.

O Designer Como Guardião da Cultura

A tarefa do designer, portanto, não se esvazia na era da IA. Ela se intensifica. Se antes era necessário decidir quais componentes criar, agora é necessário decidir por que esses componentes existem, quais experiências eles permitem e quais eles excluem.

O Design System não é mais apenas um inventário; é um posicionamento.

Como observa Ethan Marcotte, criador do conceito de design responsivo: "Não estamos projetando páginas, estamos projetando sistemas de componentes." Com a IA, essa premissa se expande: não estamos projetando componentes, estamos projetando valores.

Cada decisão no Design System carrega uma narrativa implícita:

- Um botão primário grande e colorido diz: "queremos que você aja"
- Um botão primário pequeno e discreto diz: "respeitamos sua autonomia"
- Formulários com muitos campos dizem: "precisamos conhecê-lo"

- **Formulários progressivos** dizem: "vamos construindo confiança aos poucos"

A IA pode gerar variações; só o humano pode decidir o que essas variações comunicam.

DesignOps Como Governança Inteligente

Do ponto de vista organizacional, isso desloca também o papel das equipes de DesignOps. Se antes essas equipes atuavam garantindo integração entre times, fluidez de processos e continuidade de práticas, agora assumem também **a tarefa de governar o uso da IA**.

Não basta disponibilizar ferramentas; é preciso definir:

- ➡ **Como** elas devem ser usadas
- ➡ Em que momentos
- ➡ Com quais limites
- ➡ Segundo quais princípios

Governança não é controle, mas cuidado.

Práticas Emergentes em DesignOps + IA:

1. Auditoria Contínua de Componentes Usar IA para identificar inconsistências, mas sempre com revisão humana: "Analise nosso Design System e identifique componentes que podem estar transmitindo mensagens contraditórias sobre acessibilidade."

2. Evolução Dirigida Em vez de deixar a IA expandir o sistema automaticamente, usar prompts específicos: "Sugira variações deste componente que expressem mais confiança, mas mantenham nossa identidade minimalista."

3. Documentação Viva IA para manter documentação atualizada, mas com narrativa humana: "Atualize a documentação deste componente, mas preserve a explicação sobre por que ele existe e quando deve ser usado."

Governança de IA em DesignOps: além do Design System

Quando falamos em DesignOps, é comum associar governança apenas ao **Design System**: padronização visual, bibliotecas, documentação, guidelines. Mas, à medida que a IA passa a **participar do fluxo de design**, novas camadas de governança se tornam necessárias.

Não apenas para organizar componentes, mas para **administrar decisões, dados, versões, direitos e responsabilidade compartilhada**.

Projetar com IA não é apenas *usar ferramentas*: é coordenar **como essas ferramentas influenciam o processo**, o discurso, o acesso e o impacto do produto final.

1. Gestão do pipeline de design assistido por IA

Quando a IA participa da geração de rascunhos, fluxos ou alternativas de interface, o processo deixa de ser totalmente linear. Surge a necessidade de:

- ➡ Definir **em quais etapas a IA atua** (e em quais não deve atuar).
- ➡ Estabelecer *checkpoints* humanos de revisão.
- ➡ Garantir que outputs de IA **não sejam decisões finais** sem validação.

O papel do DesignOps é assegurar que a IA acelere o processo, sem suprimir critério.

2. Versionamento de assets gerados por IA

Componentes e telas gerados ou refinados com IA precisam ser **rastreáveis** — tanto para controle de qualidade quanto para evitar confusão no reuso.

Isso inclui:

- ➡ Registrar **origem e prompts** usados.
- ➡ Versionar **variações geradas vs. aprovadas**.
- ➡ Indicar quando um elemento é **arte final** vs. **sugestão exploratória**.

Sem versionamento, o risco é o **caos visual com aparente eficiência**.

3. Auditoria de acessibilidade em escala

Ferramentas de IA podem acelerar verificações de contraste, legibilidade e hierarquia.
Porém:

- **Avaliação semiótica e sensível** ainda é humana.
- IA identifica erros — não necessariamente **soluções adequadas**.
- Auditoria contínua deve ser incorporada ao pipeline, não ser etapa final.

4. Política de prompts (segurança e privacidade)

Se prompts carregam **contexto sensível**, então prompts precisam ser tratados como **dados sensíveis**.

Política mínima:

- Não inserir dados pessoais, métricas internas ou segredos de produto.
- Separar prompts de exploração (públicos) de prompts operacionais (restritos).
- Manter um **repositório curado** de prompts confiáveis, revisáveis e auditáveis.

Prompts não são improvisos: são ativos organizacionais.

5. Rastreabilidade de decisões

Sistemas de IA amplificam a velocidade das decisões — o DesignOps precisa garantir **memória organizacional**:

- Registrar o *rationale* do porquê uma solução foi escolhida.
- Indicar **quem aprovou** e em qual contexto.
- Permitir **revisões futuras conscientes**, sem "reinventar o projeto" toda vez.

Rastreabilidade protege a cultura de design contra decisões voláteis.

KPIs de Governança de IA em DesignOps

Alguns indicadores sugeridos:

Dimensão	**KPI**	**Indicador de maturidade**
Consistência visual	Percentual de componentes aprovados pelo DS	Redução de variação não-intencional
Segurança/ Privacidade	Número de prompts contendo dados sensíveis (meta: zero)	Cultura de responsabilidade consolidada
Aprendizagem organizacional	Reaproveitamento de racionales registrados	Decisão menos retrabalho, mais intencionalidade
Ética e cuidado	Casos auditados de opacidade algorítmica	Alta confiança e previsibilidade no uso da IA

Governar IA em DesignOps é **curadoria, não controle**.
É garantir que o processo continue humano **no que importa**,
ao mesmo tempo em que se beneficia do que a IA acelera.

A Multiplicação Descontrolada

A IA introduz o **risco da multiplicação descontrolada**. Uma equipe pode gerar tantas variações de componentes que o Design System se fragmenta. Outra pode automatizar decisões que exigiam sensibilidade humana. Outra pode confiar demais na IA e perder rigor na revisão.

Sem orientação clara, o Design System deixa de ser um sistema e volta a ser um conjunto disperso de artefatos.

Exemplo real: Uma empresa de e-commerce implementou IA para gerar automaticamente novos componentes baseados em necessidades emergentes. Em três meses, o Design System cresceu de 50 para 300 componentes. **Resultado: paralisia criativa**. Os designers não sabiam mais qual componente usar em cada situação.

A abundância sem critério é tão problemática quanto a escassez.

O Centro de Direção

Por isso, **o Design System na era da IA exige um centro de direção**. Alguém deve sustentar o propósito do sistema, manter coerência narrativa, garantir que quem constrói a experiência esteja alinhado com aquilo que o produto quer comunicar ao mundo.

A IA pode ajustar pixels. Apenas o humano pode dizer o que esses pixels significam.

Como observa Brad Frost, criador da metodologia Atomic Design: "Design Systems são para pessoas." Com a IA, essa premissa se torna ainda mais importante: o sistema deve servir tanto às pessoas que o constroem quanto às pessoas que o usam.

Maturidade Como Clareza de Propósito

A maturidade de um Design System não é medida pela quantidade de componentes que possui, mas pela **clareza da lógica que orienta suas decisões**. Essa lógica não pode ser gerada estatisticamente. Ela precisa ser construída por pessoas que compreendem o que é projetar relações entre humanos e tecnologia.

A IA expande a escala. O DesignOps sustenta a continuidade. E o designer dirige o sentido.

Design System como Manifesto

O Design System se torna, então, **a manifestação explícita do que o produto acredita ser**. Ele é uma declaração de cuidado. Uma forma de tratar pessoas. E essa declaração, por mais que possa ser automatizada na forma, só existe na intenção humana.

Como disse Dieter Rams: **"Bom design é tão pouco design quanto possível."** Na era da IA, isso se traduz em: **bom Design System é tão pouco automatizado quanto possível** — não porque a automação é ruim, mas porque a intenção humana é insubstituível.

O Design System continua sendo uma linguagem. A IA pode acelerar sua escrita, mas só nós podemos decidir o que ela diz.

O futuro não é pós-humano.

É humano + IA, em coautoria contínua.

Capítulo 7 — Teste, Avaliação e Iteração na Era da IA: Ver, Escutar, Interpretar

O *mapa não é o território.*" Alfred Korzybski estabeleceu essa distinção fundamental no século XX, mas ela nunca foi tão relevante quanto hoje. **Testar é confrontar hipótese com realidade**. É o momento em que a experiência imaginada encontra a experiência vivida. No protótipo, trabalhamos no domínio da projeção; no teste, trabalhamos no domínio do acontecimento.

E é nessa diferença que o design se revela como prática situada, relacional e essencialmente humana.

Simulação vs. Acontecimento

A IA pode nos oferecer previsões sofisticadas, simulações detalhadas e heurísticas precisas, mas **nada disso substitui o contato com o outro**. A experiência não se esgota na interação técnica — ela envolve expectativas, histórias pessoais, vínculos afetivos, formas de ler o mundo, ritmos internos.

O teste não é apenas uma avaliação funcional; é um encontro entre modos de existir. E isso a IA não pode simular.

Considere este exemplo real: Uma startup de educação usou IA para simular como estudantes interagiriam com sua plataforma de aprendizado. O modelo previu com 89% de precisão quais botões seriam clicados, quanto tempo seria gasto em cada tela, onde ocorreriam abandonos. **Dados impressionantes, previsões corretas**.

Mas quando testaram com estudantes reais, descobriram algo que nenhuma simulação havia capturado: **os alunos estavam usando a plataforma não para aprender, mas para procrastinar**. Eles navegavam pelos conteúdos como uma forma de evitar estudar de verdade. **A IA previu o comportamento, mas não compreendeu a intenção**.

O Que Só o Humano Vê

No teste, algo fundamental ocorre: **a intenção retorna modificada**. Aquilo que projetamos é confrontado pela forma como alguém interpreta, reage, hesita, insiste, abandona, tenta novamente ou recusa. **Quem projeta está sempre, inevitavelmente, errando ao imaginar como o outro age**.

O teste não elimina o erro; ele ilumina o erro de modo que possamos compreendê-lo.

Steve Krug, em "*Don't Make Me Think*", observou que "testes com usuários são sobre assistir pessoas tentarem usar algo que você criou". Mas "assistir" não é apenas observar comportamentos. É reconhecer humanidade.

A IA pode organizar feedbacks, agrupar comentários, resumir entrevistas, identificar recorrências linguísticas. A IA multimodal pode até registrar o áudio de um suspiro ou medir a latência de uma hesitação. Mas ela não sente o peso desse silêncio. Ela detecta o padrão de uma resposta defensiva, mas não compartilha a angústia que a causou. Ela processa o dado do comportamento, mas não vive o momento do encontro.

A IA lida com palavras;
o designer lida com presença.

Risco da Falsa Profundidade

Quando usamos IA no processo de teste, o risco mais comum é acreditar que simulação equivale à observação. Sistemas podem prever padrões médios de comportamento, mas pessoas não são médias. São singularidades. São histórias condensadas em gestos. São micromovimentos que dizem mais do que qualquer estatística.

Exemplo prático: Uma empresa de saúde mental implementou IA para analisar sessões de teste de seu aplicativo. O modelo identificou que 78% dos usuários completavam o cadastro, 65% exploravam as funcionalidades principais, 23% agendavam uma consulta. **Métricas claras, padrões evidentes**.

Mas a pesquisadora humana notou algo diferente: **uma usuária havia pausado por 47 segundos antes de inserir seu nome real no cadastro**. Essa pausa revelou uma ansiedade profunda sobre privacidade em saúde mental — ansiedade que levou a uma reformulação completa da estratégia de onboarding.

*A IA conta o que acontece;
só o humano compreende
por que acontece.*

Práticas Emergentes: Teste Híbrido

Equipes maduras estão desenvolvendo abordagens que combinam capacidades da IA com sensibilidade humana:

1. IA Como Preparação, Humano Como Observação

- **IA**: Analisa dados históricos e sugere hipóteses de teste
- **Humano**: Conduz as sessões e interpreta comportamentos
- **IA**: Organiza descobertas em padrões
- **Humano**: Decide quais padrões são significativos

2. Análise Dupla

- **Primeira análise**: IA processa dados quantitativos e identifica tendências
- **Segunda análise**: Humano revisa as mesmas sessões buscando nuances qualitativas
- **Síntese**: Confrontar as duas perspectivas para encontrar insights mais ricos

3. IA Como Advogado do Diabo

Usar IA para questionar interpretações humanas:

"*Analisei estas sessões de teste e concluí que os usuários estão confusos com a navegação. Que evidências contraditórias você encontra? Que explicações alternativas são possíveis?"*

Iteração Como Reentendimento

A iteração, nesse cenário, **muda de foco**. Antes, iterar significava refazer o que estava errado. Agora, iterar significa **reentender o que está acontecendo**.

O processo não é linear. **O teste não é validação; é transformação**. O protótipo não é versão preliminar; é hipótese encarnada. A IA pode ajustar a forma, mas apenas nós podemos ajustar o sentido.

Como observa John Dewey em "*Art as Experience*": "Experiência é o resultado, o sinal e a recompensa da interação entre organismo e ambiente." No design, essa interação não pode ser simulada — apenas vivida.

O Desvio Como Descoberta

Quando observamos uma pessoa interagir com algo que criamos, **estamos diante de um acontecimento que não se repete**. Cada teste é um encontro irrepetível. Por isso, design nunca é apenas método. **É atenção.**

Escutar, ver, interpretar — isso é trabalho humano. A IA pode apontar caminhos comuns, mas não pode reconhecer o que é raro, surpreendente, desviante. **E é justamente no desvio que o design encontra possibilidade**.

Exemplo real: Durante testes de um app de delivery, a IA identificou que 94% dos usuários seguiam o fluxo padrão de pedido. Dados tranquilizadores. Mas uma pesquisadora notou que **uma usuária estava usando o app não para pedir comida, mas para "passear virtualmente" pelos restaurantes do bairro durante a pandemia**. Esse comportamento desviante inspirou uma funcionalidade completamente nova: exploração gastronômica sem compromisso de compra.

A média informa; a exceção transforma.

Humildade Ampliada

A maturidade em testar com IA não consiste em automatizar testes, mas em **compreender quando confiar, quando duvidar e quando observar diretamente**. Não é recusar a tecnologia, mas usá-la como lente auxiliar — nunca como lente total.

Reduzir o teste ao processamento automático de dados é reduzir o humano a padrão estatístico. E a experiência se perde exatamente aí.

Iterar é, no fim, **um ato de humildade**: reconhecer que aquilo que projetamos não é o que será vivido, e que aquilo que será vivido não cabe completamente no que podemos prever. **A IA não elimina essa humildade; ela a torna mais necessária**. Quanto mais aceleramos a criação, mais precisamos retornar ao real.

O Teste Como Retorno ao Mundo

O teste é o momento em que o design volta ao mundo para ser corrigido pelo mundo. A IA pode ajudar a registrar o que acontece, organizar descobertas, até mesmo sugerir interpretações. **Mas só nós podemos compreender o que isso significa**.

Como disse Maya Angelou: "Pessoas vão esquecer o que você disse, vão esquecer o que você fez, mas nunca vão esquecer como você as fez sentir." **A IA pode medir comportamentos; só o humano pode reconhecer sentimentos**.E é no sentimento que a experiência se constitui.

O teste continua sendo um encontro humano. A IA pode documentar esse encontro, organizá-lo, até mesmo provocá-lo. **Mas não pode substituí-lo**.

Porque experiência não é dado. É acontecimento.

Medimos não para provar eficiência da IA,
mas para revelar valor humano ampliado.

CAPÍTULO 8 — ÉTICA, RESPONSABILIDADE E A AUTORIDADE DO OLHAR HUMANO

C*om grandes poderes vêm grandes responsabilidades.*" A frase do Tio Ben, do universo do Homem-Aranha, pode soar trivial, mas captura uma verdade profunda sobre design na era da IA: **projetar é sempre um ato que envolve poder**.

Ao desenhar uma interface, ao estruturar um fluxo, ao decidir quais caminhos são oferecidos e quais são invisibilizados, **estamos criando condições de possibilidade**. Cada escolha em design afirma um modo de conduzir o usuário: o que ele pode fazer, o que é incentivado, o que é bloqueado, o que é naturalizado.

Não existe neutralidade nesse processo. A interface nunca é apenas uma superfície funcional; ela é uma forma de moldar comportamento, expectativas e, em última instância, realidade.

A Amplificação do Viés

Quando adicionamos a Inteligência Artificial a esse contexto, **essa relação se intensifica dramaticamente**. A IA opera por generalização. Ela aprende com grandes conjuntos de dados, identifica padrões recorrentes, prioriza estatísticas e reproduz o que aparece com mais frequência.

Isso significa que, se não houver cuidado, a IA não apenas reflete o mundo como ele é, mas reforça o mundo como ele tem sido — com seus preconceitos, exclusões e desigualdades.

Considere este exemplo real: Uma empresa de recrutamento implementou IA para gerar personas de "candidatos ideais" baseadas em dados históricos de contratações bem-sucedidas. O modelo produziu perfis tecnicamente corretos: formação, experiência, habilidades. Mas quando analisaram mais profundamente, descobriram que **todas as personas eram homens, brancos, de universidades privadas, moradores de bairros centrais**.

A IA não estava sendo "preconceituosa" intencionalmente. Ela estava sendo estatisticamente precisa sobre um histórico de exclusão sistemática. Mas ao reproduzir esse padrão como "ideal", ela perpetuava a exclusão.

A responsabilidade ética do designer, nesse cenário, não é opcional. O projeto precisa se tornar um ato de vigília. O que está em jogo não é apenas a qualidade da experiência, mas **o tipo de sociedade que contribuímos para construir através das experiências que desenhamos.**

Três Princípios de Vigilância

Como observa Cathy O'Neil em "*Weapons of Math Destruction*": **"Algoritmos são opiniões embutidas em código."** Com a IA generativa, essas opiniões se tornam ainda mais invisíveis — e, por isso, mais perigosas.

A vigilância ética no design com IA pode ser organizada em torno de três princípios:

1. A IA sugere o que é comum; o designer deve proteger o que é singular

Exemplo prático: Uma plataforma de educação usou IA para gerar jornadas de aprendizado "personalizadas". O modelo identificou que estudantes com determinado perfil demográfico tendiam a preferir conteúdos visuais, enquanto outros preferiam texto. **Tecnicamente correto, estatisticamente válido.**

Mas a designer responsável percebeu o problema: **a IA estava reforçando estereótipos sobre estilos de aprendizado baseados em origem social.** Em vez de aceitar as sugestões, ela usou a IA para gerar múltiplas opções para todos os perfis, permitindo que cada pessoa escolhesse independentemente de sua categoria demográfica.

2. A IA normaliza comportamentos; o designer deve questionar o que se tornou norma

A IA aprende com dados existentes, que refletem comportamentos já estabelecidos. Mas **comportamentos estabelecidos nem sempre são comportamentos desejáveis.**

Caso real: Um app de relacionamentos implementou IA para otimizar matches baseando-se em "padrões de sucesso" históricos. O modelo identificou que conversas que começavam com determinados tipos de mensagem tinham maior probabilidade de resultar em encontros. **Dados objetivos, correlações claras.**

Mas quando analisaram qualitativamente, descobriram que esses "padrões de sucesso" reproduziam dinâmicas problemáticas: mulheres sendo valorizadas principalmente por aparência, homens sendo pressionados a tomar sempre a iniciativa, pessoas LGBTQ+ sendo invisibilizadas.

A eficiência estatística estava perpetuando normas sociais que a própria empresa queria transformar.

3. A IA oferece probabilidades; o designer deve defender possibilidades

A IA trabalha com o provável; o design trabalha com o possível. **Essa diferença é fundamental**.

Exemplo: Uma fintech usou IA para gerar fluxos de solicitação de crédito baseados em "perfis de risco" tradicionais. O modelo sugeria processos mais longos e burocráticos para determinados grupos demográficos, baseando-se em dados históricos de inadimplência.

Estatisticamente defensável. Eticamente problemático.

A equipe de design decidiu usar a IA de forma diferente: em vez de aceitar as sugestões de segmentação, usaram o modelo para identificar **quais barreiras no processo atual poderiam estar criando exclusão desnecessária**. O resultado foi um fluxo mais inclusivo que mantinha a gestão de risco sem perpetuar discriminação.

A Autoridade do Olhar Humano

A autoridade do olhar humano não está em saber mais do que a IA, mas em ver o que a IA não pode ver: nuance, ambiguidade, desejo, memória, fragilidade, contradição, potencial. A IA reconhece padrões; o humano reconhece implicações. Essa diferença é decisiva.

Como observa Sherry Turkle em "*Alone Together*": "Tecnologia não é apenas uma ferramenta. Ela molda nossos relacionamentos conosco mesmos e uns com os outros." No design, essa moldagem acontece através de milhares de micro-decisões aparentemente técnicas.

Cada botão posicionado, cada fluxo estruturado, cada mensagem redigida carrega uma perspectiva sobre como as pessoas devem se relacionar com a tecnologia — e, através dela, umas com as outras.

Ética Como Atenção Contínua

A ética no design com IA não é uma lista de proibições, mas uma forma de atenção contínua. Atenção ao tipo de mundo que estamos naturalizando ao permitir que certas interações se tornem padrão. Atenção às vozes que desaparecem quando nos contentamos com o que é estatisticamente provável.

Atenção à diferença entre o que é eficiente para o sistema e o que é digno para a pessoa. Isso se traduz em perguntas práticas que toda equipe deveria fazer:

- O que essa solução assume sobre o usuário?
- Quem ela inclui? Quem ela exclui?

- Que tipo de comportamento ela estimula?
- Que tipo de relação ela estabelece?
- Que valores ela inscreve no uso?
- Se essa solução se tornasse padrão, que mundo estaríamos criando?

Essas perguntas não podem ser feitas pela IA. São perguntas sobre o sentido do humano — sobre como queremos existir uns com os outros através da tecnologia.

Práticas Emergentes: Design Ético com IA

Equipes conscientes estão desenvolvendo práticas específicas para navegar essas questões:

1. Auditoria de Viés Contínua

Usar a própria IA para identificar possíveis vieses em suas sugestões:

"Analise estas personas que você gerou. Que grupos demográficos estão sub-representados? Que estereótipos podem estar sendo reforçados?"

2. Cenários de Exclusão

Para cada solução proposta pela IA, imaginar deliberadamente quem poderia ser prejudicado:

"Se implementarmos esta interface, que tipos de usuários podem ter dificuldade? Que contextos de uso não estamos considerando?"

3. Diversidade de Prompts

Em vez de usar apenas uma perspectiva, experimentar múltiplos pontos de vista:

"Projete esta experiência do ponto de vista de uma pessoa com deficiência visual." "Agora do ponto de vista de alguém com baixa renda." "Agora de alguém que não fala português como primeira língua."

4. Histórias Contra-Narrativas

Pedir à IA para imaginar usos não intencionais:

"Como esta interface poderia ser usada de forma prejudicial? Que comportamentos problemáticos ela poderia facilitar?"

Responsabilidade Ampliada

A responsabilidade do designer na era da IA não é "competir com a máquina", tampouco protegê-la de críticas. É ser guardião do sentido. É sustentar o espaço onde a experiência permanece humana, mesmo quando mediada por sistemas automatizados.

Como disse James Baldwin: "Não tudo que é enfrentado pode ser mudado, mas nada pode ser mudado até que seja enfrentado." **A IA torna visíveis vieses que sempre existiram no design**. Nossa responsabilidade é enfrentá-los, não ignorá-los.

Cuidado Como Produção de Sentido

Em outras palavras, ética não é sobre evitar dano. É sobre produzir cuidado.

Projetar com IA exige reconhecer que **toda interface é uma narrativa sobre como o mundo deve funcionar**. Quando automatizamos sem reflexão, dizemos que a eficiência é mais importante que a relação. Quando simplificamos experiências até que se tornem intercambiáveis, dizemos que a pessoa é menos importante que o padrão.

Quando aceitamos soluções genéricas, dizemos que singularidade é um detalhe dispensável.

*O design ético é aquele que **recusa essa lógica.***

A Escolha Como Ato Ético

A autoridade do olhar humano não se afirma pela capacidade de produzir mais rápido, mas pela capacidade de interpretar com profundidade.

Enquanto a IA olha para a média, o designer olha para o contexto. Enquanto a IA busca repetição, o designer cuida da diferença. Enquanto a IA prevê, o designer escolhe.

É essa escolha que faz do design uma prática ética antes de ser técnica.

Como observa Ursula K. Le Guin em "*The Dispossessed*": **"Não podemos viver apenas para nós mesmos. Mil fibras nos conectam com nossos semelhantes."** No design, essas fibras são as interfaces que criamos, as experiências que projetamos, os mundos que tornamos possíveis.

Projetar com IA não nos exige menos humanidade. Nos exige mais.

Porque quanto mais poderosas se tornam nossas ferramentas, mais importante se torna a sabedoria para usá-las. **E sabedoria é uma qualidade profundamente humana**.

Inovar não é substituir etapas:
é reconfigurar a forma de criar junto.

CAPÍTULO 9 — O FUTURO DO UX AMPLIADO: O DESIGNER COMO DIRETOR DE EXPERIÊNCIA

O futuro não é um lugar para onde estamos indo, mas um lugar que estamos criando." John Schaar capturou algo essencial sobre nossa relação com o tempo: **não somos passageiros do futuro, somos seus arquitetos**.

Se há algo que este livro procurou sustentar ao longo dos capítulos é a ideia de que **o design não é definido pelas ferramentas que utiliza, mas pela maneira como orienta o sentido da experiência humana**. A chegada da Inteligência Artificial nada muda nessa estrutura fundamental. O que ela transforma é a escala, o ritmo e o alcance das possibilidades criativas.

A IA amplia o campo, mas não decide o que deve ser construído dentro dele. Essa decisão permanece humana.

De Executor a Diretor

O futuro do UX, portanto, não se define pela substituição do designer, mas pelo **reposicionamento de sua atuação**. O designer deixa de ser entendido como executor de artefatos visuais e passa a assumir um papel de **diretor de experiência**.

Diretor, aqui, não no sentido hierárquico, mas no sentido composicional: aquele que orienta a relação entre elementos, ritmos, intensidades, expectativas e modos de sentir.

Como observa Peter Brook em "*The Empty Space*": "Posso pegar qualquer espaço vazio e chamá-lo de palco nu. Um homem caminha por este espaço vazio enquanto outro o observa, e isso é tudo que se necessita para realizar um ato teatral." No design, a IA pode fornecer o espaço vazio e até mesmo sugerir movimentos. Mas só o designer pode dirigir o que acontece nesse espaço.

A direção de experiência envolve **formular intenção antes de formular forma**. Exige saber por que uma solução merece existir, para quem ela faz diferença, o que ela transforma e o que ela preserva. Exige compreender que a experiência não se limita ao momento do uso, mas se estende à memória, ao contexto de vida, às expectativas culturais e às relações de confiança.

A IA pode sugerir soluções, mas não pode sustentar intenção. Intenção é responsabilidade humana.

Colaboração Como Coreografia

No futuro próximo, veremos **designer e IA atuando juntos em processos cada vez mais integrados**. A IA continuará expandindo a capacidade de prototipar, simular, recombinar e sintetizar. Os designers continuarão sendo responsáveis pela interpretação, pela direção conceitual e pelo cuidado.

Essa colaboração não deve ser romantizada nem temida. Ela deve ser cultivada.

Considere como essa parceria pode evoluir:

Pesquisa Ampliada

- ➡ **IA**: Processa milhares de entrevistas, identifica padrões linguísticos, sugere hipóteses
- ➡ **Designer**: Conduz conversas profundas, interpreta silêncios, reconhece contradições

- ➡ **Resultado**: Compreensão mais rica e mais rápida do contexto humano

Ideação Expandida

- ➡ **IA**: Gera centenas de variações conceituais, combina referências distantes, propõe metáforas
- ➡ **Designer**: Escolhe direções significativas, sustenta coerência narrativa, decide intenção
- ➡ **Resultado**: Imaginação mais ampla e mais focada

Prototipação Acelerada

- ➡ **IA**: Constrói interfaces rapidamente, adapta layouts, gera componentes
- ➡ **Designer**: Define tom emocional, orquestra fluxos, cuida da experiência
- ➡ **Resultado**: Forma mais rápida e sentido mais claro

Teste Híbrido

- ➡ **IA**: Analisa comportamentos em escala, identifica padrões quantitativos
- ➡ **Designer**: Observa nuances qualitativas, interpreta contextos, reconhece humanidade
- ➡ **Resultado**: Aprendizado mais profundo e mais ágil

O Paradoxo da Singularidade

O ponto central é que **a experiência não se torna menos humana por estar mediada por sistemas automatizados**. A experiência se torna menos humana quando deixamos de olhar para ela como encontro. Quando tratamos pessoas como unidades estatísticas, quando reduzimos comportamentos à previsibilidade, quando naturalizamos a média.

A IA nos convida a um desafio paradoxal: quanto mais ela cresce, mais precisamos defender o que é singular.

Como observa Byung-Chul Han em "*The Burnout Society*": **"A sociedade disciplinar ainda estava dominada pelo 'não'. Sua negatividade gerava loucos e delinquentes. A sociedade do desempenho, ao contrário, produz depressivos e fracassados."** No design, corremos o risco de que a IA produza experiências "otimizadas" que sejam eficientes mas vazias, funcionais mas indiferentes.

O designer como diretor de experiência é aquele que sustenta essa singularidade. Que entende que uma interface não é um conjunto de botões, mas uma forma de acolher ou expulsar. Que percebe que uma mensagem não é apenas texto, mas um mundo gramatical que posiciona o usuário diante do sistema. Que reconhece que fluidez não é velocidade, mas harmonia.

Competências Emergentes

Essa transformação exige que designers desenvolvam novas competências:

1. Formulação de Problemas

Se a IA pode gerar soluções rapidamente, **a vantagem competitiva está em formular os problemas certos**. Isso exige capacidade de síntese, interpretação contextual e pensamento sistêmico.

2. Curadoria de Sentido

Com abundância de opções geradas por IA, **o valor está em escolher o que é significativo**. Isso exige sensibilidade estética, compreensão cultural e clareza de propósito.

3. Direção Narrativa

Experiências complexas precisam de coerência ao longo do tempo. **O designer precisa sustentar a história que está sendo contada** através de múltiplos pontos de contato.

4. Vigilância Ética

Com poder ampliado pela IA, **a responsabilidade sobre impactos sociais se intensifica**. Isso exige consciência crítica, diversidade de perspectivas e compromisso com justiça.

5. Colaboração Humano-IA

Saber quando confiar na IA, quando questioná-la e quando ignorá-la se torna uma habilidade central. Isso exige compreensão técnica, mas também intuição humana.

A Pergunta Fundamental

A pergunta que se torna fundamental não é "o que a IA pode fazer por nós?", mas **"como queremos viver com ela?"**. O design não é um campo técnico; é um campo cultural. **Cada interface é um gesto sobre como entendemos o humano**.

Se aceitamos que a IA normalize o que é genérico, abrimos mão da riqueza da diferença. Se usamos a IA como instrumento de ampliação, fortalecemos a imaginação humana.

Como disse Adrienne Maree Brown em "*Emergent Strategy*": **"Como fazemos as pequenas coisas é como fazemos todas as coisas."** No design, as pequenas coisas são as micro-interações, as mensagens, os fluxos, as escolhas de interface. **E é através dessas pequenas coisas que construímos o mundo**.

Deliberação Profunda

O futuro do UX ampliado não é um futuro de automação total. **É um futuro de deliberação profunda.** Designers precisarão aprender a formular problemas com mais clareza, a argumentar com mais precisão, a interpretar comportamento com mais sensibilidade.

Precisarão desenvolver não apenas habilidades técnicas, mas **capacidade crítica**. Precisarão olhar para o mundo e decidir o que vale a pena reforçar nele.

Se algo se torna claro, é que **o design não é sobre criar interfaces. É sobre criar relações**. E relações só se sustentam quando são cuidadas.

A Oportunidade Rara

A IA coloca diante de nós uma oportunidade rara: **repensar o que significa projetar**. Não apenas para ser mais eficiente, mas para ser mais responsável, mais atento, mais comprometido. A tecnologia pode ampliar o possível. **Mas apenas nós podemos decidir o desejável.**

Como observa Ursula K. Le Guin em "*The Lathe of Heaven*": **"Você não pode comprar a revolução. Você não pode fazer a revolução. Você só pode ser a revolução. Ela está em seu espírito, ou não está em lugar nenhum."**

No design, a revolução não está nas ferramentas que usamos, mas na consciência com que as usamos. **Não está na velocidade com que criamos, mas na profundidade com que pensamos.**

Conclusão: Sustentando o Sentido

No fim, **o futuro do UX não depende da IA. Depende de quem escolhemos ser diante da IA**.

O designer que virá não é o que domina ferramentas. **É o que sustenta o sentido**.

É aquele que, diante da capacidade infinita de gerar variações, escolhe o que importa. É aquele que, diante da pressão por eficiência, preserva espaço para o cuidado. É aquele que, diante da tentação da automação total, mantém viva a dimensão humana da experiência.

A IA pode ampliar nosso alcance. Mas só nós podemos decidir nossa direção. E é nessa escolha — consciente, cuidadosa, comprometida — que o design continua sendo uma prática profundamente humana.

Mesmo em um mundo cada vez mais automatizado.

Especialmente em um mundo cada vez mais automatizado.

Design aumentado não é ferramenta:
é mindset, cultura e prática contínua.

CAPÍTULO 10 — PROMPTS ESTRATÉGICOS: A ARTE DE CONVERSAR COM A IA EM UX

A *qualidade da pergunta determina a qualidade da resposta.*" Essa máxima, atribuída a diversos pensadores ao longo da história, nunca foi tão relevante quanto hoje. **Trabalhar com IA não é apenas sobre ter acesso à tecnologia — é sobre saber como conversar com ela.**

Um prompt não é apenas um comando; é **uma forma de pensamento externalizada**. É a maneira como traduzimos intenção humana em linguagem que a IA pode processar e transformar em resultado útil. No design, onde cada decisão carrega implicações sobre experiência humana, **a**

precisão do prompt se torna uma competência estratégica.

Este capítulo não é um manual técnico sobre sintaxe de prompts. É **um guia para pensar com clareza através da IA**, organizando práticas emergentes que equipes maduras estão desenvolvendo para extrair valor real — não apenas velocidade — dos modelos generativos.

Anatomia de um Prompt Estratégico

Antes de mergulhar em exemplos específicos, é importante compreender que **um prompt eficaz para UX possui estrutura**. Não é uma frase solta, mas uma arquitetura de intenção.

Estrutura Base:

[CONTEXTO]

+

[INTENÇÃO]

+

[ESPECIFICAÇÃO]

+

[LIMITAÇÃO]

+

[FORMATO]

Exemplo Genérico:

"*Crie uma interface para um app.*"

Exemplo Estruturado:

"***[CONTEXTO]*** *Para um aplicativo de meditação voltado para profissionais urbanos com alta ansiedade,* ***[INTENÇÃO]*** *desenvolva uma tela inicial que transmita calma imediata,* ***[ESPECIFICAÇÃO]*** *priorizando redução de estímulos visuais e linguagem acolhedora,* ***[LIMITAÇÃO]*** *sem usar clichês espirituais ou referências religiosas,* ***[FORMATO]*** *apresentando 3 alternativas conceituais com justificativa para cada escolha.*"

A diferença é radical. O primeiro prompt produz resultados genéricos. O segundo produz possibilidades específicas, contextualizadas e úteis.

PROMPTS POR FASE DO PROCESSO DE UX

FASE 1: PESQUISA E DESCOBERTA

Para Análise de Entrevistas:

Prompt Básico (evitar): "*Analise estas entrevistas.*"

Prompt Estratégico:

Você é um pesquisador experiente em UX. Analise estas 5 entrevistas sobre [TÓPICO ESPECÍFICO].

FOCO DA ANÁLISE:
- Identifique contradições entre o que as pessoas dizem e o que fazem
- Mapeie momentos de hesitação ou desconforto (mesmo que não verbalizados)
- Encontre padrões emocionais, não apenas comportamentais

NÃO FAÇA:
- Não suavize contradições
- Não force consensos onde há divergência
- Não ignore outliers

FORMATO:
1. Padrões identificados (com citações exatas)
2. Contradições importantes
3. Hipóteses para investigação adicional

Para Geração de Personas:

Prompt Problemático: "*Crie personas para nosso produto.*"

Prompt Consciente:

Com base nestes dados de pesquisa [ANEXAR DADOS], desenvolva 3 personas que representem DIVERSIDADE real de usuários, não estereótipos.

CRITÉRIOS OBRIGATÓRIOS:
- Incluir diferentes contextos socioeconômicos

- Representar variados níveis de letramento digital
- Considerar limitações físicas/cognitivas
- Evitar generalizações baseadas em idade/gênero

Para cada persona, inclua:
- Contexto de vida (não apenas dados demográficos)
- Motivações profundas (não apenas funcionais)
- Frustrações específicas (não genéricas)
- Citação real da pesquisa que justifica essa persona

TESTE FINAL: Se essas personas fossem pessoas reais, elas se reconheceriam nesta descrição?

Para Síntese de Pesquisa Desk:

Atue como um estrategista de UX analisando o mercado de [SETOR].

TAREFA: Sintetize estas 20 fontes sobre comportamento do usuário em [CONTEXTO], mas mantenha ceticismo saudável.

ESTRUTURA DA ANÁLISE:
1. O que TODOS concordam (consensos fortes)
2. O que é CONTROVERSO (onde especialistas divergem)
3. O que NINGUÉM está falando (lacunas evidentes)
4. O que pode estar DESATUALIZADO (mudanças recentes)

PERSPECTIVA CRÍTICA:
- Questione vieses das fontes
- Identifique agendas comerciais
- Sinalize quando dados são insuficientes

- Sugira onde precisamos de pesquisa primária

FASE 2: IDEAÇÃO E CONCEITUAÇÃO

Para Exploração Conceitual:

Prompt Superficial: "*Dê ideias para melhorar nosso app.*"

Prompt Direcionado:

Você é um designer conceitual trabalhando em [PRODUTO ESPECÍFICO].

DESAFIO: Como podemos fazer usuários se sentirem [EMOÇÃO/ESTADO DESEJADO] ao [AÇÃO ESPECÍFICA]?

MÉTODO DE EXPLORAÇÃO:
1. Analise o problema através de 3 lentes diferentes:
   - Lente da eficiência (como tornar mais rápido)
   - Lente do cuidado (como tornar mais humano)
   - Lente da descoberta (como tornar mais interessante)

2. Para cada lente, proponha:
   - 1 solução óbvia (que todos pensariam)
   - 1 solução lateral (inspirada em outros domínios)
   - 1 solução provocativa (que questiona premissas)

FORMATO: Para cada ideia, explique:
- Por que funcionaria
- Por que poderia falhar
- Que tipo de usuário mais se beneficiaria

Para Metáforas e Analogias:

Atue como um diretor criativo explorando metáforas para [EXPERIÊNCIA ESPECÍFICA].

CONTEXTO: Estamos projetando [DESCRIÇÃO DO PRODUTO/FUNCIONALIDADE].

EXPLORAÇÃO METAFÓRICA:
1. Se esta experiência fosse um LUGAR físico, que lugar seria? Por quê?
2. Se fosse uma CONVERSA, que tipo de conversa? Formal? Íntima? Profissional?
3. Se fosse um RITUAL, que ritual seria? Cotidiano? Especial? Solene?

Para cada metáfora, desenvolva:
- Como ela se traduziria em elementos de interface
- Que tom de voz ela sugere
- Que interações ela implica
- Que limitações ela impõe

TESTE: Essas metáforas fazem sentido para alguém que nunca viu nosso produto?

Para Benchmarking Criativo:

Você é um pesquisador de tendências em design de experiência.

MISSÃO: Encontre 5 referências FORA do nosso setor que resolvem problemas similares ao nosso de forma inovadora.

PROBLEMA QUE ESTAMOS RESOLVENDO: [DESCRIÇÃO ESPECÍFICA]

SETORES PARA EXPLORAR:
- Entretenimento
- Educação
- Saúde
- Varejo físico
- Serviços públicos

Para cada referência, analise:
- Qual é a solução específica
- Por que funciona naquele contexto
- Como poderia ser adaptada para nosso contexto
- Que princípios podemos extrair (não copiar a forma)

CRITÉRIO: Busque soluções que priorizem experiência humana, não apenas eficiência técnica.

FASE 3: PROTOTIPAÇÃO E DESIGN

Para Direção Visual:

Prompt Genérico: "*Crie um design moderno para nossa interface.*"

Prompt Direcionado:

Você é um diretor de arte trabalhando em [PRODUTO ESPECÍFICO] para [PÚBLICO ESPECÍFICO].

BRIEF EMOCIONAL:
- Como queremos que o usuário se SINTA: [EMOÇÕES ESPECÍFICAS]
- Que RELAÇÃO queremos estabelecer: [TIPO DE RELAÇÃO]
- Que VALORES queremos comunicar: [VALORES ESPECÍFICOS]

TRADUÇÃO VISUAL:
1. Sugira 3 direções visuais distintas que expressem esse brief emocional
2. Para cada direção, especifique:
   - Paleta de cores (com justificativa psicológica)
   - Tipografia (com personalidade correspondente)
   - Estilo de iconografia (com coerência conceitual)
   - Uso de espaço em branco (com intenção específica)

TESTE DE COERÊNCIA:
Se um usuário visse apenas esses elementos visuais (sem texto), que tipo de produto ele imaginaria? Isso alinha com nossa intenção?

Para Microcopy e Tone of Voice:

Você é um UX writer especializado em [SETOR/CONTEXTO].

CENÁRIO: Usuário está em [SITUAÇÃO ESPECÍFICA] e precisa [AÇÃO ESPECÍFICA].

CONTEXTO EMOCIONAL:
- Estado emocional provável do usuário: [EMOÇÃO]
- Nível de urgência: [BAIXO/MÉDIO/ALTO]
- Familiaridade com o produto: [NOVO/OCASIONAL/FREQUENTE]

TAREFA: Escreva microcopy para:
1. Título da tela
2. Texto explicativo
3. Labels dos botões
4. Mensagens de erro
5. Confirmações de sucesso

PRINCÍPIOS:
- Seja específico, não genérico
- Antecipe ansiedades
- Celebre progressos
- Mantenha consistência de tom

TESTE: Leia em voz alta. Soa como algo que uma pessoa real diria para outra?

Para Fluxos de Experiência:

Você é um arquiteto de experiência projetando o fluxo de [PROCESSO ESPECÍFICO].

CONTEXTO DO USUÁRIO:
- Situação: [ONDE/QUANDO/POR QUE está fazendo isso]
- Estado mental: [ANSIOSO/CONFIANTE/CURIOSO/etc.]
- Limitações: [TEMPO/ATENÇÃO/CONHECIMENTO]

PRINCÍPIOS DO FLUXO:
1. Cada tela deve ter UM objetivo claro
2. Transições devem fazer sentido narrativo
3. Usuário deve sempre saber onde está e para onde vai
4. Pontos de saída devem ser respeitosos

ESTRUTURA:
- Mapeie 5-7 telas principais
- Para cada tela, defina:
  * Objetivo funcional
  * Objetivo emocional
  * Informações necessárias
  * Ações possíveis
  * Próximos passos

VALIDAÇÃO: Se você fosse o usuário, em que momento ficaria confuso ou frustrado?

FASE 4: TESTE E VALIDAÇÃO

Para Roteiros de Teste:

Você é um pesquisador de usabilidade preparando testes para [PRODUTO/FUNCIONALIDADE].

HIPÓTESES A TESTAR:
1. [HIPÓTESE 1]
2. [HIPÓTESE 2]
3. [HIPÓTESE 3]

PERFIL DOS PARTICIPANTES: [DESCRIÇÃO ESPECÍFICA]

DESENVOLVA:
1. Cenários realistas (não tarefas artificiais)
2. Perguntas que revelam MOTIVAÇÃO, não apenas comportamento
3. Momentos para observar HESITAÇÃO e CONFUSÃO
4. Questões pós-teste que explorem EMOÇÕES

ESTRUTURA DO ROTEIRO:
- Aquecimento (5 min)
- Cenários de uso (20 min)
- Exploração livre (10 min)
- Reflexão final (10 min)

CUIDADOS:
- Não induza respostas
- Permita silêncios
- Observe além do que é dito

Para Análise de Dados de Teste:

Você é um analista de UX interpretando resultados de testes de usabilidade.

DADOS DISPONÍVEIS:
- [INSERIR DADOS QUANTITATIVOS]
- [INSERIR OBSERVAÇÕES QUALITATIVAS]
- [INSERIR FEEDBACKS DOS USUÁRIOS]

ANÁLISE SOLICITADA:
1. PADRÕES COMPORTAMENTAIS:
   - O que a maioria fez
   - O que ninguém conseguiu fazer
   - Onde todos hesitaram

2. INSIGHTS QUALITATIVOS:
   - Momentos de frustração (mesmo que não verbalizados)
   - Momentos de satisfação genuína
   - Expectativas não atendidas

3. CONTRADIÇÕES IMPORTANTES:
   - Entre o que disseram e o que fizeram
   - Entre diferentes tipos de usuários
   - Entre intenção do design e percepção real

FORMATO: Para cada insight, forneça:
- Evidência específica
- Implicação para o design
- Sugestão de próximos passos

Prompts Avançados: Técnicas Especializadas

Para Design Systems:

Você é um arquiteto de Design System trabalhando em [PRODUTO/EMPRESA].

DESAFIO: Nosso sistema está crescendo rapidamente e perdendo coerência.

AUDITORIA SOLICITADA:
1. Analise estes componentes [ANEXAR LISTA] e identifique:
   - Redundâncias desnecessárias
   - Lacunas importantes
   - Inconsistências conceituais

2. Para cada problema identificado:
   - Explique por que é problemático
   - Sugira solução específica
   - Estime impacto da mudança

3. Proponha PRINCÍPIOS DE GOVERNANÇA:
   - Quando criar novo componente vs. adaptar existente
   - Como manter consistência sem engessar criatividade
   - Como documentar decisões para o futuro

CRITÉRIO: Priorize clareza conceitual sobre completude técnica.

Para Acessibilidade:

Você é um especialista em design inclusivo auditando [INTERFACE/FLUXO ESPECÍFICO].

PERSPECTIVAS DE ANÁLISE:
1. Usuário com deficiência visual (usando leitor de tela)

2. Usuário com limitações motoras (navegação por teclado)
3. Usuário com dificuldades cognitivas (processamento de informação)
4. Usuário em contexto limitado (conexão lenta, tela pequena)

Para cada perspectiva:
- Identifique barreiras específicas
- Sugira soluções que beneficiem TODOS os usuários
- Proponha testes simples para validar melhorias

PRINCÍPIO: Acessibilidade não é adaptação, é design melhor desde o início.

Para Estratégia de Produto:

Você é um estrategista de produto analisando oportunidades de UX.

CONTEXTO: [DESCRIÇÃO DO PRODUTO E MERCADO]

ANÁLISE ESTRATÉGICA:
1. DIFERENCIAÇÃO POR UX:
   - Onde competidores são mais fracos em experiência
   - Que necessidades não estão sendo atendidas
   - Como UX pode ser vantagem competitiva

2. IMPACTO NO NEGÓCIO:
   - Que melhorias de UX gerariam mais valor
   - Onde pequenas mudanças teriam grande impacto
   - Como medir sucesso além de métricas técnicas

3. ROADMAP DE EXPERIÊNCIA:
   - Priorização baseada em impacto + esforço
   - Dependências entre melhorias
   - Marcos de validação

FORMATO: Apresente como business case, não apenas lista de melhorias.

Prompts de Metacognição: Questionando a IA

Uma das práticas mais valiosas é usar a IA para **questionar suas próprias sugestões**:

Prompt de Auditoria:

Analise criticamente sua resposta anterior sobre [TÓPICO].

QUESTÕES CRÍTICAS:
- Que vieses podem estar influenciando essas sugestões?
- Que grupos de usuários podem estar sendo ignorados?
- Que premissas estou assumindo sem questionar?
- Onde posso estar sendo superficial ou genérico?

ALTERNATIVAS:
- Sugira 2 abordagens completamente diferentes
- Identifique o que poderia dar errado com sua sugestão original
- Proponha como validar essas ideias na prática

Prompt de Perspectiva Múltipla:

Reanalise [PROBLEMA/SOLUÇÃO] através de 3 lentes diferentes:

1. LENTE TÉCNICA: Viabilidade, performance, manutenção
2. LENTE HUMANA: Emoções, contexto, diversidade
3. LENTE COMERCIAL: Objetivos, recursos, timeline

Para cada lente, identifique:

- Principais preocupações
- Oportunidades não óbvias
- Riscos específicos
- Critérios de sucesso

SÍNTESE: Como equilibrar essas três perspectivas?

Armadilhas Comuns e Como Evitá-las

Armadilha 1: Prompts Muito Genéricos

Problema: "*Melhore nosso UX*" **Solução:** Seja específico sobre contexto, usuário e objetivo

Armadilha 2: Aceitar Primeira Resposta

Problema: Conformar-se com a primeira sugestão **Solução:** Sempre peça alternativas e questione premissas

Armadilha 3: Ignorar Limitações

Problema: Não especificar restrições reais **Solução:** Inclua limitações técnicas, de tempo e recursos

Armadilha 4: Perder Perspectiva Humana

Problema: Focar apenas em eficiência **Solução:** Sempre inclua contexto emocional e social

Armadilha 5: Não Validar Sugestões

Problema: Implementar sem testar **Solução:** Use IA para gerar hipóteses, não verdades

Conclusão: Prompts Como Pensamento Estruturado

Um bom prompt é uma forma de pensar com clareza. Ele força você a articular intenção, contexto, limitações e critérios de sucesso. Mesmo que você não use IA, o exercício de formular prompts estruturados melhora a qualidade do seu pensamento sobre design.

A IA não substitui a necessidade de pensar bem. **Ela amplifica a qualidade do pensamento que você já tem.**

Como disse Richard Feynman: "*Se você não consegue explicar algo de forma simples, é porque não entende bem o suficiente.*" **Prompts eficazes são explicações simples de problemas complexos.**

E é nessa simplicidade — conquistada através de clareza de pensamento — que reside o poder real da colaboração entre designer e IA.

A tecnologia pode ser sofisticada.
A conversa com ela deve ser humana.

Sobre o autor

Eduardo Loro é designer, educador e pesquisador dedicado a compreender como equipes criam, colaboram e evoluem no desenvolvimento de produtos digitais. Doutorando em Engenharia de Software, Mestre em Design e especialista em Marketing Estratégico, atua como professor na CESAR School, onde ensina UX, Design Centrado no Humano e Inovação em ambientes de alta complexidade. Sua investigação atual concentra-se em DesignOps e nos modos como práticas organizacionais, cultura e Inteligência Artificial podem ampliar, e não substituir, o potencial criativo humano.

www.ingramcontent.com/pod-product-compliance
Lightning Source LLC
LaVergne TN
LVHW010810051026
849532LV00007B/2502
* 9 7 8 6 5 0 1 8 7 6 8 5 6 *